Copyright © 2021 by the Philosophical Research Society. From an article published through "PRS Journal, Summer 1969".
Copyright © 2021 by the Philosophical Research Society. From an article published through "Horizon, Spring 1951".
Copyright © 2021 by the Philosophical Research Society. From an article published through "Horizon, Summer 1951".
Copyright © 2021 by the Philosophical Research Society. From an article published through "Horizon, Summer 1954".
Copyright © 2021 by the Philosophical Research Society. From an article published through "PRS Journal, Spring 1964".
Copyright © 2021 by the Philosophical Research Society. From an article published through "PRS Journal, Autumn 1971".
Copyright © 2021 by the Philosophical Research Society. From an article published through "PRS Journal, Spring 1959".
Copyright © 2021 by the Philosophical Research Society. From an article published through "PRS Journal, Winter 1963".
Copyright © 2021 by the Philosophical Research Society. From an article published through "PRS Journal, Spring 1986".
Copyright © 2021 by the Philosophical Research Society. From an article published through "PRS Journal, Spring 1983".
Copyright © 2021 by the Philosophical Research Society. From an article published through "Horizon, Spring 1955".

Korean translation Copyright © 2021 Yoon & Lee Publishing
This Korean edition was published by arrangement
with Philosophical Research Society.
이 책의 한국어판 저작권은 저작권자와의 독점계약으로
윤앤리퍼블리싱에 있습니다.
마름돌은 윤앤리퍼블리싱의 임프린트입니다.
저작권법에 의해 보호받는 저작물로 무단전재와 무단복제를 금합니다.

맨리 P. 홀 지음
윤민 옮김

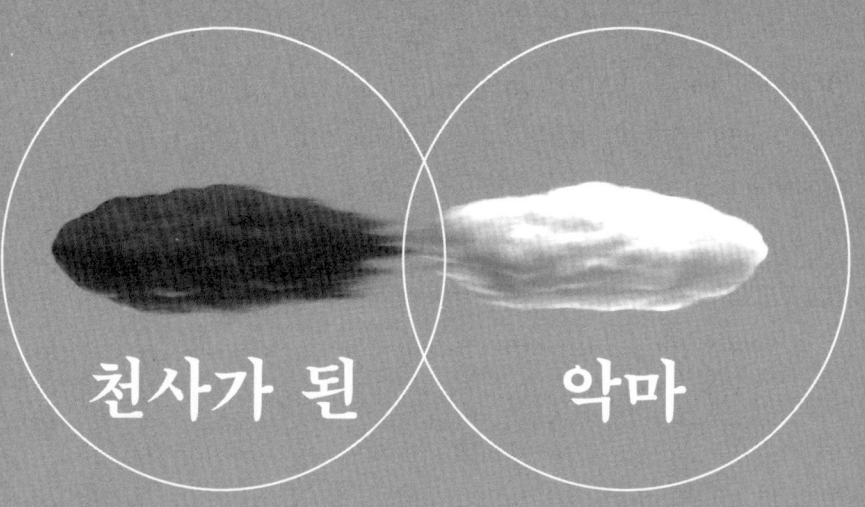

천사가 된 악마

종교와 영성의 길,
그리고 함정에 관한 이야기

마름돌

> 역자
> 서문

천사와 악마에 관한 이야기, 하나.

프랑스의 신비주의자 엘리파스 레비는 '악마(The Devil)'라는 제목이 붙은 타로의 메이저 아르카나 15번 카드에 대해 이렇게 말했다. "악마는 신이다. 다만 사악한 자들의 눈에는 신이 악마의 형상으로 보일 뿐이다."

천사와 악마에 관한 이야기, 둘.

오래전에 깨달음을 얻기 위해 암자에서 수행하던 수

도승이 있었다. 그는 작은 토굴 안에서 명상하며 내면의 악을 물리치는 지침을 달라고 신에게 열심히 기도했다. 그러던 어느 날 땅에서 짙은 연기가 피어올랐고, 갑자기 그의 눈앞에 끔찍한 형상의 악마가 나타났다. 악마를 본 수도승은 깜짝 놀라 순간적으로 당황했지만, 자기도 모르게 본능적으로 그에게 손을 뻗어 축복을 내려줬다. 그 순간 악마는 천사로 변했다.

천사와 악마에 관한 이야기, 셋.

요즘 '루시퍼'라는 드라마를 재미있게 보고 있다. (아래부터 스포주의!) 지옥의 군주 루시퍼가 지하세계 통치에 싫증을 느끼고 미국 로스앤젤레스('천사들의 도시')로 올라와 인간과 더불어 살면서 서서히 변해가는 과정을 그린 작품이다. 지옥에서 올라온 지 얼마 안 된 루시퍼는 철저하게 이기적이고 쾌락 이외의 감정은 느끼지 못하는 소시오패스의 성향을 지닌 존재지만, 악마 특유의 매력에 넘어가지 않는 유일한 사람, 여주인공 클로

역자
서문

이 데커와 우연히 인연을 맺으면서 인간관계, 인간성, 감정을 조금씩 배우게 된다. 인간적인 감정을 체험하며 혼란에 빠진 루시퍼는 심리상담까지 받기 시작하고, 함께 지상으로 올라온 루시퍼의 오른팔이자 지옥의 제1 고문 기술자 악령, '매지킨'마저 덩달아 영혼을 갖고 싶다는 소망을 품는다. 루시퍼는 감정을 체험하면서 사랑과 행복을 느끼고, 때로는 깊은 슬픔에도 잠긴다. 본인의 생명마저 위태로운 절체절명의 순간에 이기주의보다는 이타주의를 택하는 자기의 모습을 보면서 당황하기도 하고, 사랑하는 사람을 지키기 위해 그토록 원망했던 아버지(신)에게 기도까지 올리며 자기의 죄를 용서해달라고 간청한다. 급기야 그는 악마가 끔찍한 외형을 가지게 된 것은 아버지의 뜻이 아니라 자기 증오의 산물이었다는 사실을 깨닫게 된다. 자신을 용서하는 방법을 배우고 싶다고 솔직하게 말하는 순간, 괴물의 껍데기는 눈 녹듯 사라지고 루시퍼는 천사의 모습으로 되돌아온다.

이 이야기들이 전하는 메시지는 무엇일까? 신약성경의 마지막 책, 요한계시록 13장 18절에는 이렇게 적혀 있다. "지혜가 여기 있으니 총명 있는 자는 그 짐승의 수를 세어보라. 그 수는 사람의 수니 육백육십육이니라." 보다시피 666은 짐승의 수이자 사람의 수다. 즉, 아직 영적으로 충분히 성장하지 못해 짐승 수준의 의식에 머물러있는 사람, 지옥에서 세상에 갓 올라온 무지한 루시퍼의 수를 의미하는 것이다. 드라마 속의 루시퍼는 사악한 악의 화신이라기보다는 어린아이처럼 유치하고 철들지 않은 존재다. 어찌 보면 성배의 전설에 등장하는 파르지팔처럼 '순수한 바보'와 비슷하다고 할 수도 있다. 하지만 그는 세상을 겪으며 자기를 조금씩 알게 되고, 큰 폭의 성장을 이루며 자기는 악마가 아니라 본래 천사였음을 깨닫는다. 루시퍼의 이야기는 결국 인간의 이야기다. 인간이 666에 비유되는 동물 수준의 의식에서 벗어나 777의 상태에 이르는 긴 여정을 다룬 우화다.

역자
서문

《천사가 된 악마 – 종교와 영성의 길, 그리고 함정에 관한 이야기》는 지난 3월에 마름돌 출판사에서 출간한 맨리 P. 홀의 문답집, 《어떻게 살아야 해요? – 철학자에게 인생을 묻는다》의 후속작으로, 초기 가제는 《올바르게 살기 너무 힘들어요》였다. 일상에서 누구나 맞게 되는 대표적인 고민거리에 관한 저자의 조언을 다룬 전작에 이어, 이번 책에서는 인간의 성장과 관련이 있는 질문들을 중점적으로 선정해 보았다. 종교, 철학, 영성은 악마를 천사로 만들어주는, 다시 말해 인간의 성장을 돕는 도구라 할 수 있다. 하지만 파르지팔이 성배를 구하는 과정에서 여러 차례 헤매고 넘어졌듯이, 루시퍼가 세상에서 할 수 있는 경험은 다 해보고 고통을 겪으며 눈물을 흘렸듯이, 성장의 길은 곳곳에 함정이 도사리고 있는 아마존의 정글을 헤쳐나가는 것만큼 위험하다.

이 책은 자기 계발의 여정에서 우리가 필연적으로 접하게 되는 알곡과 쭉정이를 분별하고, 성장의 종착지에 무사히 도달하기 위한 지침을 제공하고 있다. 인간이라면 언제든 나도 모르게 빠질 수 있는 자기 합리화와 자기기만의 함정, 화려함을 내세우고 에고를 자극하는 사이비 종교/영성 단체에 현혹되어 길을 잃고 우왕좌왕하는 사람들의 이야기, 현실과 허상을 분별하지 못해 자기를 속이며 고통에 신음하는 사람들의 이야기를 통해 우리가 이 여정에서 조심해야 할 점들을 주지시키는 것은 물론이고, 사랑의 참된 의미, 경쟁의 속성, 종교 갈등에 관한 설명과 동양과 서양의 교리를 비교하고 통합함으로써 가시덤불을 헤치고 진리에 이르는 좁은 길로 접어드는 방법을 제시하고 있다.

요즘엔 전문가도 진품과 짝퉁을 구분할 수 없을 정도로 조작 기술이 발달했다고 한다. 심지어 짝퉁이 진품보다 더 정교하게 만들어진 사례도 있다. 이는 가방, 신발, 의류에만 해당하는 얘기가 아니다. 갈수록 모든 분야에서 진위 분별이 어려워지고 있는 시대에 이 책이 어둠을 비춰주는 등대의 역할을 하게 되기를 기대하면서 서문을 마친다.

차례

역자 서문   004

1   합리화는 결국 자기기만 아닌가요?   013

2   영성 단체에서 활동하는 사람이
     고통받는 이유는 무엇인가요?   041

3   '영적인 사람'이 언행일치를
     실천하지 못하는 이유는 뭔가요?   097

4   진짜 영적 체험과 허상을
     구분하는 방법은 무엇인가요?   151

5   인과관계의 법칙이 매번 즉시 작용하면
     카르마도 줄어들지 않을까요?   167

6 왜 옛날 스승들의 단점은 지적하지 않으세요? 185

7 이웃 사랑을 실천하기 어려워요. 205

8 《돌아온 탕아》 우화의 의미를 설명해 주세요. 221

9 카르마의 교리와 기독교의 가르침이
공존할 수 있나요? 241

10 경쟁심이 사라지면
문명의 발전도 멈추지 않나요? 265

부록 가정 내 종교 갈등을 해소하는 방법을 알려주세요. 291

1
합리화는
결국
자기기만
아닌가요?

자기 생각을 정당화하기 위해 '합리화' 기법을 쓰는 사람이 많습니다. 이 개념을 설명해 주시겠어요? 제가 보기에 합리화는 자기기만과 크게 다르지 않은 것 같습니다만.

합리화란 어떤 상황 또는 사건의 의미를 내가 이해할 수 있는 형태로 설명하기 위한 정신적 노력 또는 과정으로, 심리학에서는 '자기 합리화'의 개념과 관련이 있습니다. 나의 관점과 의견이 합리적이고 올바른 동기에서 나온 것임을 입증하고, 타인의 비판과 비난으로부터 나의 행동을 변호하기 위해 자기를 합리화하는 것입니다. 하지만 노이로제 환자는 자기를 합리화하기 위한 설명이 진짜로 합리적이고 사실에 근거하고 있는지 정확하게 판단하지 못합니다. 망상에 시달리고 있는 그의 입에서 나오는 말과 현실은 일치하지 않는 경우가 많습니다. 따

합리화는
결국
자기기만
아닌가요?

라서 정상적 사고방식을 가진 사람은 설득할 수가 없습니다.

 말과 행동을 제대로 다스리고 억제할 줄 아는 사람은 그리 많지 않습니다. 인간의 에고는 이기적이고 자기중심적이라 자기의 관점과 생각은 언제나 옳다고 굳게 믿는 경향이 있습니다. 한 인간의 삶은 그가 살면서 성취한 의식 수준에 의해 정의됩니다. 내 생각이 틀렸고, 내가 느끼는 감정이 거짓이고, 내 행동이 파괴적이라는 사실을 받아들이기란 참 어려운 일입니다. 내 결점을 차마 있는 그대로 볼 수 없어서 내가 저지른 실수를 변호하거나 별일 아니었다는 식으로 무마해야 한다는 충동이 솟아납니다. 여기에 나는 완벽하다는 확신까지 더해지면 내가 잘못하고 있다는 사실 자체를 인정할 수 없게 됩니다.

 물론 합리화가 실수를 변호할 때만 사용되는 것은 아닙니다. 합리화는 어떤 신념의 유효성을 검증하거나 사건의 배후에 있는 사실관계를 명확하게 파악하기 위해 사용할 수 있는 유용한 도구이기도 합니다. 살면서 쉽게 이해할 수 없는 상황이 닥치면 내가 충분히 수긍할 수 있는 현실적인 설명을 도출하기 위해 합리화의 기법을 활용해야 합니다. 만족스러운 설명을 찾아내지 못하면 삶의 중심을 잃고 혼란에 빠져 불안감이 엄습해올 수도 있습니다.

나는 비합리적인 불행의 피해자라고 확신하며 우울하게 사는 사람이 많습니다. 내가 부당한 대우를 받고 있다는 생각은 마음을 편하게 해줍니다. 살다 보면 그 생각을 뒷받침해주는 일도 종종 일어납니다. 나는 최선을 다했는데 이에 합당한 보상을 받지 못했다는 생각, 나는 양심과 법을 지키며 살았는데 정직하지 않은 동료들 때문에 억울한 피해자가 되고 말았다는 생각. 우주의 공정성에 관한 신념을 지키기 위해서는 우선 솔직해져야 합니다. 철학자는 우주는 공정하고 고통은 나에게서 비롯된다는 사실을 증명하기 위해 정당화의 과정을

합리화는
결국
자기기만
아닌가요?

활용합니다. 나는 언제나 옳고 모든 것이 우주의 잘못이라는 확신을 얻기 위해 현실을 정당화하는 노이로제 환자와는 정반대의 접근방법입니다.

정신적으로 건강하고 행복한 사람은 사고와 판단도 공정하고 합리적일 가능성이 큽니다. 물론 그도 매번 옳은 것은 아니지만, 상식적인 선에서 대체로 수긍할 만하고 다수가 동의할만한 무난한 결론을 내립니다. 인간의 망상 중에서도 가장 고질적인 것은 자신의 능력에 대한 과장입니다. 세상에는 특정 분야에서 뛰어난 능력과 솜씨로 널리 인정받는 사람들이 있습니다. 그들이 나보다 더 많이 공부하고, 더 열심히 노력했기 때문에 나보다 좋은 운명을 맞았다고 생각하는 것은 지극히 정상입니다. 그들이 노력 끝에 성공하고 노고를 인정받은 것에 대해 함께 기뻐해 줄 수도 있습니다.

하지만 불행하게도 대다수 인간은 자만심과 야망을 뿌리치지 못합니다. 타인의 능력과 효율성을 원망하고,

그럴 자격도 없으면서 나도 얼마든지 그들처럼 보상을 누릴 권리가 있다고 착각합니다. 이런 상황에서 인간은 '나는 그들보다 우월한 존재인데 내 능력을 인정받지 못하고 있다.'라는 식으로 자기를 합리화합니다. 직장에서 성공하지 못하면 내가 우월감을 느낄 수 있는 다른 분야를 찾아 헤맵니다. 이 딜레마를 해소하고 자존심을 회복하기 위해 경쟁이 심하지 않은 분야를 택하여 우월감을 과시합니다. 타인이 내가 최고라는 사실을 입증할 수도, 부정할 수도 없는 분야를 파고드는 것입니다.

대표적인 사례로 종교 분야를 들 수 있습니다. 우월감을 느끼고 싶은 사람에게 있어 종교는 최상의 솔루션입니다. 종교를 에고의 안식처로 삼은 사람은 나는 다양한 초능력을 가지고 있고, 신 또는 천사들과 소통할 수 있고, 태양 아래 존재하는 모든 사안에 대해 궁극의 해답을 제시할 수 있는 놀라운 사람이라고 엄숙하게 선언합니다. 진위를 검증할 수 없도록 추상적인 언어를 구사하며 뜬구름 잡는 얘기만 해대면 정체가 들통나지 않고 비

합리화는
결국
자기기만
아닌가요?

교적 안전할 수 있습니다. 심지어 날로 명성이 높아져 널리 인기를 얻을 수도 있습니다. 대부분 사람은 기본적으로 타인의 종교적 관점에 대해 왈가왈부하는 것을 실례라고 생각합니다. 종교적 관점은 어디까지나 개인적인 신념이므로 섣불리 공격하려 들지 않습니다.

하지만 시간이 흐르면서 '선지자'는 곤경에 봉착합니다. 그의 놀라운 '예언'들이 대부분 빗나가면서 그 이유를 해명해야 하는 상황에 놓이게 됩니다. 그가 만약 자기의 사상을 내세워 종교나 영성 단체라도 설립했다면 교주의 주장이 비현실적이고 과장되었다는 사실을 깨달은 신도들이 하나둘씩 그의 곁을 떠납니다. 하지만 자기기만과 합리화에 완전히 넘어간 교주는 이미 구제 불능의 상태에 이르렀습니다. 어떤 사안도 술술 설명할 수 있는 경지에 도달한 그는 예상했던 대로 일이 풀리지 않으면 사악한 정령들의 훼방을 지목하면서 상황을 합리화합니다.

종교에 빠진 노이로제 환자는 거짓 심령 현상도 종종 체험합니다. 그들은 이 '놀라운 체험'이 상위 차원의 의식에서 나왔다고 철석같이 믿습니다. 심리가 불안정한 상태에서 꾼 꿈을 거론하며 자기는 보통 사람은 인지하지 못하는 상위 차원에 이르러 깨달음을 얻은 사람이라고 확신합니다. 이 현상에 대한 합리적 설명을 제시하는 자연의 법칙은 안중에도 없습니다. 그는 자기에게 벌어지는 모든 일을 자기에게 만족스러운 방향으로 해석합니다. 하지만 그의 주장을 곧이곧대로 믿는 사람은 많지 않습니다.

아무리 불쾌한 신념도 편견을 진실로 받아들이면 얼마든지 합리화할 수 있습니다. 저는 지금까지 완전히 상호 배타적인 두 개의 관점으로 모든 사안에 관한 결론을 내리고 아무 일 없었다는 듯이 유유히 살아가는 사람을 여럿 봐 왔습니다. 오랜 시간이 흐르고 나면 상반되는 두 신념 다 잘못되었음이 명백하게 드러납니다. 이런 식의 사고방식은 항상 불행한 결과로 이어집니다.

합리화는
결국
자기기만
아닌가요?

사실에 근거하지 않은 생각은 반드시 사실과 충돌하게 되어있습니다. 하지만 당사자에게는 이 정면충돌이 생각만큼 고통스럽지 않을 수 있습니다. 자기 합리화의 습관에 길든 사람의 시각에서 진실은 이미 오래전에 그 의미를 상실했기 때문입니다. 나의 관점이 모든 사실관계를 대체해버렸고, 죽음을 통해서만 자기기만에서 해방될 수 있는 상태에 이른 것입니다.

합리화의 유형 중에서도 우리에게 가장 익숙하고 비극적인 사례는 '목적이 수단을 정당화한다.'라는 생각입니다. 이런 사고방식에 빠지면 잔혹성도 '건설적인 동기'에서 나왔다는 이유로 용인됩니다. 이단자의 영혼을 구원한다는 명분으로 무고한 시민을 말뚝에 묶고 태워 죽였던 중세의 종교 재판관들도 똑같은 생각을 했습니다. 평화를 실현하고 국민의 권익을 보호하기 위해서는 전쟁을 할 수밖에 없다고 부르짖는 전쟁광들도 마찬가지입니다. 노이로제 환자가 의도적으로 잔인하게 행동하는 경우는 많지 않습니다. 하지만 그들에게 가학적인 성향이 있는 것은 맞습니다. 그들이 남에게 못되게 구는 이유는, 그렇게 함으로써 타인을 지배하거나, 자기가 받은 모욕과 고통에 대해 복수할 수 있다고 믿기 때문입니다. 양심의 가책을 느끼지 않고 잔혹해지기 위해서는 정교한 합리화의 과정을 내 의지대로 주무를 수 있는 수준에 올라야 합니다. 만사에 불만인 노이로제 환자에게서 쉽게 볼 수 있는 현상입니다.

자기의 심정을 솔직하게 고백하는 사람도 더러 있습니다. "저 지금 너무 힘든데, 다 제 잘못이에요." 진심으로 저런 말을 했다면 성공적으로 문제를 해결할 가능성이 있습니다. 하지만 너무 예민하거나 자기중심적이어서 자신의 결점을 인정하지 못하는 사람은 언제나 위험에 노출되어 있습니다. 자신의 무능을 솔직하게 인정하지 못하면 두 가지 문제에 봉착하게 됩니다. 첫째, 정직성과 타협하게 되는 것, 그리고 둘째, 자기 계발의 동기를 원천적으로 차단하는 것.

합리화는
결국
자기기만
아닌가요?

거짓 합리화는 이제 사회적 문제로까지 번졌습니다. 벼슬자리 하나 차지하려는 정치인들이 가장 선호하는 무기가 되어버렸습니다. 거짓 합리화는 거의 모든 소수 집단 간의 갈등에 깊숙이 관여합니다. 수천 년에 걸쳐 종교 갈등을 영속시키고, 높은 자리에 앉아있는 거짓 지식인들의 오만을 부추기기도 했습니다. 자기주장만 내세우고 합리화하며 이에 공감할 것을 강요하는 사람들의 압력으로부터 나를 지키는 유일한 방법은 상식을 동원하는 것입니다. 정신적으로 나약하거나 부정적인 사람은 그 압력을 버텨내지 못하고 사회 분열에 동참하게 될 가능성이 큽니다.

대부분의 직장 환경도 합리화의 마수로부터 자유롭지 않습니다. 완전하게 조화롭고 협력을 바탕으로 한 근무 환경을 찾아내기란 거의 불가능합니다. 소크라테스에 따르면 험담은 독수리보다도 위험하다고 합니다. 독수리는 시신을 파먹지만, 험담은 산 자를 파먹기 때문입니다. 근거 없는 소문과 험담으로 누군가의 명예를 실추시키고 나면 나의 불행에 대한 책임을 그에게 임시로 떠넘길 수 있습니다. 이런 식으로 증오가 쌓이면 피해자는 자연스럽게 새로운 직장을 찾아 나섭니다.

또 하나의 전형적인 자기 합리화 유형은 겉으로는 쾌활하고, 듬직하고, 효율적으로 보이지만, 한 직장에서 오래 못 버티고 수시로 회사를 옮겨 다니는 사람입니다. 그는 직장 동료들이 도저히 상대하기 불가능하고, 독재자처럼 굴고, 잘난 척이나 하는 무지한 사람들이라며 싸잡아 욕합니다. 그리고 자기가 그들보다 일을 잘 처리하기 때문에(합리화) 자기를 계속 괴롭힌다고 주장하며 항변합니다. 이처럼 환경에 적응하지 못하고 동료들과 어울리지도 못하는 사람은 회사에서 필요 없으니 해고 신세를 면할 수 없습니다. 그런데 이런 일이 수십 번 반복되어도 자꾸만 자기를 정당화하기 때문에 필요한 교훈을 얻지도 못합니다. 술 문제로 계속 직장에서 해고당하면서 자신에게 원인이 있다는 사실을 깨닫지 못하는 알코올 중독자와 다를 바가 없습니다.

합리화는
결국
자기기만
아닌가요?

　동료 직원에게 불만을 품은 직장인의 사례를 한번 생각해 봅시다. 싫어하는 동료의 평판을 걸레로 만들어놓은 사람에게 도대체 그 동료 때문에 어떤 피해를 봤길래 그토록 미워하는지 물어보면 대부분 명확한 근거를 제시하지 못합니다. 똑같은 결점이라도 나에게 있으면 쉽게 눈감아 주지만, 싫어하는 사람에게서 발견되면 용서하지 않는 것입니다.

　이처럼 인간은 모든 상황을 자기에게 유리하도록 합리화하는 경향이 있으므로, 나와 같은 결점을 가진 사람을 손가락질하려는 충동이 몰려올 때 특별히 주의해야 합니다. 진짜로 남을 탓할만한 일이 있더라도 적개심을 드러내지 않는 것이 모두에게 좋습니다. 우리는 남이 실수하는 이유를 밝혀내기 위해서가 아니라, 내가 실수하지 않는 법을 배우기 위해 세상에 태어났습니다. 인격을 개선하는 데 도움이 되지 않는 모든 생각과 관점은 시간과 에너지의 낭비입니다. 진심으로 지금보다 나은 삶을 원하고 긍정적인 삶의 철학을 위해 헌신하고 싶다면 남의 결점을 캐내려는 습관부터 고쳐야 합니다.

타인과 관계를 맺을 때 합리화는 마지막 단계에서 이루어지는 경우가 많습니다. 정상적인 사고의 과정을 거치면서 결론에 도달하는 것이 아니라, 근거 없는 결론부터 내놓은 상태에서 내 생각을 합리화하는 것입니다. 사실관계를 다 파악한 후에 상황을 판단해야 하는데, 판단부터 해버리고 내 생각을 뒷받침할 수 있는 증거를 찾아 꿰맞추려고 하는 것이 바로 합리화입니다. 법정에서도 이런 식의 허술한 논리는 받아들여지지 않습니다. 하지만 우리는 매일 감정적으로 사람과 사물을 판단합니다.

성경에서는 형제의 눈 속에서 티를 빼내기 전에 네 눈 속의 들보부터 빼라[1]고 조언합니다. 제가 보기엔 아주 훌륭한 정신치료 기법인 것 같습니다만, 이 가르침이 역사적으로 큰 호응을 얻었던 적은 한 번도 없습니다. 우리가 삶에서 겪는 대부분 문제는 자기규율의 부

합리화는
결국
자기기만
아닌가요?

재에서 비롯됩니다. 변덕스러운 내 생각을 다스리려는 마음이 없습니다. 삐뚤어진 성격을 고칠 생각도 안 합니다. 자기 계발을 위해 평소에 노력했더라면 문제가 닥쳤을 때 변명을 둘러대면서 합리화할 필요도 없었을 것입니다.

합리화 기법의 가장 올바른 응용은 우주의 공정성을 입증하는 용도로 활용하는 것입니다. 인간은 자신의 행동에 상응하는 보상을 받는다는 진리를 입증하는 일에 합리화 기법을 활용하면 이웃의 기분을 불쾌하게 만드는 대신, 신에게 영광을 돌리는 일에 더 크게 이바지할 수 있을 것입니다. 정직성은 자연의 기본적인 특성이라는 점을 염두에 두고 뭐든지 합리화하는 방법을 배우고 습관을 들여야 합니다.

제 지인 중 작은 마을에서 50년 동안 주민들을 위해 봉사했던 성직자가 있었습니다. 그는 오랜 기간 주민들을 관찰하면서 모든 사람이 나름대로 최선을 다해 살고 있다는 사실을 깨달았다고 말했습니다. 그러면서 마지막으로 한마디 덧붙였습니다. "하지만 그놈의 본성 때문에 문제가 생기는 것이죠." 내가 좋은 의도를 가졌고, 타인도 기본적으로 진지하고 온화한 사람이라는 믿음을 가지고 있으면 이를 뒷받침하는 증거를 얼마든지 찾아낼 수 있습니다. 하지만 그 반대도 마찬가지입니다. 내가 못됐으면 타인의 못된 점만 쉽게 눈에 뜨입니다.

'좋은 것'과 '나쁜 것'은 내 머릿속에 있는 것입니다. 누구나 살다 보면 타인의 만행으로 피해를 볼 수 있습니다. 하지만 반대로 나 때문에 피해를 본 사람도 있다는 사실을 잊으면 안 됩니다. 나만의 기준으로 인류를 심판하는 것은 마치 거울을 앞에 두고 욕하는 것이나 다름없습니다. 인간은 가장 쉽게 드러나는 자신의 모습을 타인에게서 발견합니다.

우리에게는 꾸준히 인격과 역량을 계발해야 할 의무가 있습니다. 생계를 위해 하는 일이 재미없다면 언제

합리화는
결국
자기기만
아닌가요?

든 다른 일을 배울 수도 있습니다. 숨겨진 재능을 꾸준히 계발하다 보면 나중에 소중한 자산이 될 수 있습니다. 판단력이 특별히 뛰어나거나, 예사롭지 않은 지혜를 소유하고 있거나, 강력하고 신뢰할만한 직관을 소유하고 있다는 느낌이 든다면 그 재능을 잘 단련하여 주변 사람들의 인정을 받을 수도 있습니다. 실질적인 능력을 소유하게 되면 자연스럽게 중요한 사람이 됩니다. 새로운 나를 시기하는 사람도 더러 있을 것입니다. 하지만 내가 가는 곳마다 질투의 대상이 되고 있다면 나의 행동을 점검해봐야 합니다. 잘난 척해서 좋을 것은 없습니다. 재산을 뽐내고 사회적 지위를 내세우고 다니면 생각 깊은 사람은 가볍게 웃고 넘길지 모르지만, 성숙하지 않은 사람은 질투하며 기분이 상할 수 있습니다. 혼란스러운 세상에서 안전을 구하는 방법의 하나는 겸손하게 행동하는 것입니다. 많이 내세우지 않으면 언제나 기대치를 충족할 수 있고, 내 행동을 변호하거나 정당화할 필요도 없습니다.

자기 합리화는 상황을 명료화하기보다는 더 혼란스럽게 만드는 경향이 있습니다. 지능을 동원하여 논리적으로 상황을 분석하는 과정에서 상식을 무시하기 때문입니다. 말은 사실관계를 대체할 수 없습니다. 세상에 말로 해결할 수 있는 문제는 그리 많지 않습니다. 적절한 단어를 골라 세련되게 표현한다고 해서 고통을 유발하는 문제가 사라지는 것이 아닙니다. 매일 삶을 경험하고 문제에 부딪히면서 실질적으로 배워야 할 교훈을 편리한 공식으로 대체하려는 사람이 많습니다. 좋은 문구를 반복적으로 되뇌면서 확언하는 습관을 들이면 정신은 기뻐할지 몰라도, 내 손으로 판 구덩이에서 나를 꺼내주는 데 직접적인 도움이 되지는 않습니다. 사실이 아닌 것을 확언하거나 명백한 사실을 부정하는 것은 바보짓입니다. 하지만 우리는 내 생각이 옳다며 끝까지 고집을 피웁니다.

우주의 법칙을 준수해야 합니다. 자연의 정의를 피해 가고 합리화하려는 모든 설명과 시도는 자만심에 불과

합리화는
결국
자기기만
아닌가요?

합니다. 오랜 역사에 걸쳐 인간은 수많은 거짓 교리를 변호하고 합리화했지만, 거짓을 진실로 만드는 데는 실패했습니다. 인류는 수천 년 동안 지구가 평평하다고 믿었습니다. 하지만 지구의 모양이 바뀐 적은 한 번도 없었습니다. 인간이 제정한 법 중 공정하지 않은 것으로 판명된 것들은 훗날 폐기되었습니다. 심지어 과학계에서도 인간의 독특한 행동 양식에 관해 수많은 이론을 제시했습니다. 과학계의 설명을 듣고 지적 만족을 얻은 사람은 많았지만, 인간의 행동이 눈에 띄게 달라지지는 않았습니다. 우리는 지금도 아주 오래된 실수를 반복하며 똑같은 고통에 시달리고 있습니다.

저는 예전부터 서민의 지혜를 중요하게 생각해 왔습니다. 시골에 사는 순박한 사람들의 기본적인 지식 말입니다. 소박한 삶을 영위하는 시골의 농부들은 절대로 변하지 않는 자연의 법칙에 의존하며 사는 법을 배웁니다. 우리는 모두 농사를 지었던 선조들의 후예입니다. 현대 인류의 조상들은 밭을 갈고, 강에서 낚시하며 물고기를 잡고, 산에서 먹이를 사냥했습니다. 그들은 삶의 경험과 상식을 기반으로 전통문화를 창조하여 우리에게 전수했습니다. 우리는 세계 각국의 경전과 전설, 신화에 보존된 그들의 이야기를 통해 많은 것을 배울 수 있습니다. 우리 선조들에게는 신의 계획을 설명하는 세련되고 거창한 지식이 필요하지 않았습니다. 그들은 단순했기 때문에 오히려 거의 모든 형태의 속임수와 자기기만으로부터 자신을 보호할 수 있었습니다.

몇 년 전, 어느 기업의 영업사원이 현대 문명과 고차원적인 지식과는 거리가 먼, 시간을 거꾸로 거슬러 올라가는 듯한 작은 마을을 방문한 적이 있었습니다. 주민들이 가난하다는 사실을 간파한 영업사원은 할부로 물건을 사는 방법도 있다며 넌지시 제안했습니다. 그러자 한 원로가 일어나 말했습니다. "우리는 가진 돈으로 살 수 있는 물건은 사고, 살 수 없는 물건은 사지 않는다오. 빚은 위험한 것이고, 주민들에게 슬픔과 불행을 가져다줄 뿐이라오." 이 한마디로 협상은 끝났고, 영업

합리화는
결국
자기기만
아닌가요?

사원은 분을 삭이며 마을을 떠났습니다. 그는 요람에서 무덤까지 빚에 허덕이는 삶을 당연한 것으로 간주하는 문화에 익숙해 있었지만, 산골의 노인네는 진실을 알고 있었습니다. 그가 아무리 합리화해도 이 사실을 바꿀 수는 없었습니다.

 몇 가지 대표적인 자기 합리화 사례를 더 살펴봅시다. 우선 많은 사람이 습관적으로 내뱉는 가장 의미 없는 한마디, '사람은 누구나 실수하기 마련이다.'입니다. 네, 맞는 말입니다. 그래서 다들 곤경에 처한 것 아닙니까? 이런 식으로 자기를 합리화하면 다른 사람만큼 못나도 얼마든지 괜찮다는 엉뚱한 신념이 생겨날 수 있습니다. 철학은 모든 인간은 자신의 행동에 대해 책임져야 하며, 실수하면 고통받고 올바르게 행동하면 보상받는 것이 당연하다고 가르칩니다. 시대의 관행, 습관 또는 관점에 의해 이 사실이 바뀌는 것이 아닙니다. 원칙과 타협하면 내가 고통을 받습니다. 남이 막산다고 해서 나에게도 막살아도 되는 권리가 생기는 것이 아닙니다. 이건 변명이 될 수 없습니다.

　나의 행동을 정당화하기 위한 온갖 변명을 걷어내면 혼란스러웠던 상황이 명료해집니다. 인간이 행하는 모든 실수 안에는 대가가 포함되어 있으며, 실수를 이미 저지른 상태라면 그 대가를 피해갈 수 없습니다. 자연은 좋은 성품을 가진 사람에게만 평온, 고요, 안전을 허락합니다. 반대로 증오심, 질투, 잔혹성, 이기심, 걱정, 두려움은 순리에 따라 내가 미래에 반드시 치러야 하는 불행의 대가를 만들어냅니다. 불행은 대부분 즉각적으로 찾아옵니다. 시일이 다소 걸리는 수도 있지만, 언젠가는 반드시 옵니다. "요즘같이 불행한 시대에 살면서 어떻게 유쾌하고 사려 깊게 행동할 수 있겠습니까?"라고 항변하는 사람도 있습니다. 이렇게 말하는 사람은 지금까지 살면서 자신의 부정적이고 파괴적인 정신적, 감정적 충동을 그대로 방치했고, 그 결과로 불행한 처지를 자초했을 가능성이 매우 큽니다. 그래 놓고도 여전히 성질만 내며 불만을 토로하고 있으니 앞으로 더

합리화는
결국
자기기만
아닌가요?

크고 많은 고통을 각오하는 수밖에 없습니다.

다른 사람에게는 언제나 한 치의 오차 없이 적용되는 규칙이 나에게는 예외가 될 수 있다는 식의 합리화는 자기기만입니다. 타인을 지배하고, 그 위에 군림하고, 이용하고, 착취할 권리를 가지고 태어난 사람은 없습니다. 잘못된 행동을 저지른 순간, 내 동기와 의도를 합리화하려는 모든 노력은 무용지물이 됩니다. 그저 내가 받아 마땅한 벌을 받기 위해 이빨 꽉 깨무는 수밖에 없습니다.

제가 지금까지 설명한 원리를 삶에서 실천하며 매번 올바른 선택을 내리면 시대의 흐름에 역행하게 되고, 충돌도 피할 수 없을 것입니다. 오늘날 많은 사람이 성공을 목표로 살고 있습니다. 직장에서 앞서나가는 데 필요한 타협이라면 얼마든지 할 권리가 있다는 자세로 삶에 임합니다. 제조업에 종사하는 사람은 싸구려 제품에 바가지를 씌워 팔고, 사무직은 최대한 일을 피하려고 꼼수를 부리고, 집에 와서는 이기적으로 행동하며 가정을 파괴합니다. 나를 둘러싼 환경과 사람들로부터 나를 보호할 권리가 있다는 생각으로 매사를 대합니다. 하지만 나 자신으로부터 나를 보호해야 한다는 생각은 좀처럼 하지 않습니다. 이런 식의 사고방식은 근본부터 잘못된 것이며, 잘못된 생각을 바탕으로 만들어진 것은 붕괴하게 되어있습니다. 거짓을 변호하는 조직은 자멸하고, 가정 내에서 이기적으로 행동하는 사람은 비극을 맞게 되어있습니다.

오늘날 세상의 전반적인 건강상태는 우주의 공정성을 입증하는 결정적인 증거입니다. 하지만 우리는 지금도 자기를 개선하는 노력을 배제한 상태에서 해법을 찾으려 안간힘을 쓰고 있습니다. 나를 타인으로부터 보호하는 법을 만들고 싶지만, 타인을 나로부터 보호하는 법에는 관심이 없습니다. 많은 사람이 불행에 신음하고 있는데, 모두가 자기만의 기준으로 상황을 합리화하고 있습니다. 사람마다 설명이 다 다르고, 문제 해결에 도

합리화는
결국
자기기만
아닌가요?

움이 되지 않는 운명론자들도 판을 치고 있습니다.

 육신이 죽는 순간에 우리가 평생에 걸쳐 내세웠던 자기 합리화도 함께 잠들면 그나마 다행이겠지만, 소크라테스가 지적했듯이, 육신이 사라진 후에도 의식은 살아남아 영원한 정의가 지배하는 우주로 나아가게 될 가능성이 있습니다. 이승과 저승을 구분하는 문이 진짜 영원한 사원으로 입장하는 출입문이라면, 우리는 이곳에 있는 동안 불멸의 존재로서의 인격을 계발하기 위해 부단히 준비하고 노력해야 합니다. 내가 옳다는 사실을 입증하려 하는 대신, 옳은 사람이 되기 위해 노력해야 합니다. 타인의 결점을 손가락질하며 비난하는 대신, 덕을 쌓아서 나부터 괜찮은 사람이 되어야 합니다.

 이렇게 행동을 바꾸면서 합리화의 진정한 의미를 알 수 있습니다. 합리화란 나를 제외한 우주의 모든 것이 합리적이라는 사실의 발견입니다. 이 진리를 인식한 후에는 정직한 우주 안에서 내가 어떻게 행동하는 것이 옳은지 발견하기 위해 노력해야 합니다. 내가 해야 할 일에 관한 단서를 얻은 후에는 나를 통해 신의 정신에 담긴 단순한 진리를 표현할 수 있습니다. 그 후에는 나의 행동을 합리화해야 할 필요도 사라집니다.

2
영성 단체에서 활동하는 사람이 고통받는 이유는 무엇인가요?

많은 사람이 자기가 속한 영성 단체에서 전하는 가르침을 공부한 후 오히려 전보다 더 고통스러워하고 있는 것 같습니다. 이 문제에 관해 설명해 주시겠어요?

아주 좋은 질문입니다. 말씀하신 대로 진지한 마음으로 진리를 탐구하는 많은 사람이 다양한 가르침과 교리를 접한 후 오히려 고통스러워하고 있는 현실입니다. 인간은 누구나 자연스럽게 이끌리는 영성 단체에 가입하고 그 안에서 활동할 권리를 가지고 있습니다. 따라서 이 문제에 대한 비판은 자칫 무례하고 편견에서 비롯되었다는 혐의를 피하기 어려울 수도 있습니다. 하지만 세상에서 가장 자유분방한 정치 이론도 시민이 다치거나 서로 해치는 일이 없도록 보호장치를 제공할 의무가 있습니다. 특정 단체를 구체적으로 지목하지 않고 이 문

영성 단체에서
활동하는
사람이
고통받는
이유는
무엇인가요?

제에 관한 원칙을 위주로 설명을 진행하면 불필요한 비난을 면하고 필요한 메시지를 전달할 수 있을 것 같습니다.

인간은 실용적인 문제의 해결을 요구하는 환경 속에서 평생을 살다가 생을 마감합니다. 삶의 소명, 사회적 적응, 인격적 하자의 교정 등도 인생의 중요한 목표에 포함됩니다. 인류는 한때 의학, 법, 경제 분야에 만연했던 여러 가지 미신을 오래전에 극복했습니다. 정교회의 종교기관들도 요즘엔 대체로 추상적인 신학 이론보다는 인격 계발의 중요성을 강조하고 있습니다. 우리는 사악한 정령이나 사탄을 숭배하는 이웃의 저주 때문에 나에게 불행이 닥친다는 미신에서도 벗어났습니다. 악마와 마녀의 개념은 아직도 문명화되지 않은 일부 오지에서나 구전 설화의 형태로 명맥을 유지하고 있고, 도깨비와 고블린은 핼러윈 행사 때나 잠시 우리의 뇌리를 스쳐 지나갑니다.

환상이 없는 삶은 따분하게 느껴질지 모르겠지만, 대부분 사람에게 있어서는 자명한 것을 믿고 따르는 것이 훨씬 더 지혜롭고 안전한 삶의 방식입니다. 상상의 나래를 펼치면서 상식을 무시하면 암흑시대를 지배했던 개인적, 집단적 테러의 세상으로 퇴행하는 위험에 빠질 수 있습니다. 특히 추상적인 개념과 가치의 전파에 치중하는 종교는 기적과 초자연적인 현상을 강조하지 않도록 주의해야 합니다. 보통 사람이 쉽게 헤아릴 수 없는 개념을 화려하게 포장하여 정면에 내세우면 이에 넋을 잃은 신도들이 엉뚱한 생각에 빠져 재앙을 자초할 가능성도 있습니다.

제가 지금까지 이 문제와 관련하여 접한 수백 건의 사례를 하나로 묶은 가상의 인물, 제인의 전형적인 사례를 한번 살펴봅시다. 제인은 경제적으로도, 정서적으로도 불안한 가정에서 태어나 성장했습니다. 부모는 매일같이 다퉜고, 제인은 형제들과도 원만하게 지내지 못했습니다. 지나치게 예민한 아이로 성장한 그녀는 자신

영성 단체에서
활동하는
사람이
고통받는
이유는
무엇인가요?

의 불우한 환경을 원망했고, 학교에 입학할 무렵에는 이미 성격상의 심각한 문제를 안고 있었습니다. 그녀는 성인이 된 후 한 차례의 이혼을 경험했습니다. 그녀의 신경질적인 기질이 실패의 주된 원인이었습니다. 그 일로 노이로제와 좌절감은 더욱 심해졌고, 그녀는 한동안 불행은 자기의 운명이라 확신하며 홀로 외롭게 살아갔습니다. 그녀는 성격 때문에 직장에서도 성공하지 못했고, 두 번째 결혼도 이혼으로 끝나는 아픔을 겪었습니다. 오랜 세월 견지해온 부정적인 사고는 결국 육신의 건강도 해치게 되었습니다. 내면의 압력을 올바르게 다스리지 못해 다양한 증상이 생겨난 것입니다.

50이 될 무렵의 제인은 불행하고 까탈스러운 여인이었습니다. 타인에게 도움이 되지 않고, 자기 자신에게도 별로 가치가 없는 인간이 되어있었습니다. 과거에 파묻혀 살던 제인은 만나는 사람마다 자기의 관점을 정당화하고 그동안 살면서 겪은 시련과 고난을 공유하기 위해 대화를 이끌어갔습니다. 그녀는 사람들이 자기를 이해하지 못하고, 과소평가하고, 학대하고 있다며 억울함을 호소했습니다. 모든 사람이 그녀의 지난 행동에 공감하고 위로해주길 갈망했습니다. 그녀에게는 친구도 많지 않았습니다. 정상적이라 할만한 사회생활도 없었고, 경제적으로도 불안한 상황이었습니다. 그녀가 금전적으로 감당할 수 있는 주거 환경도 여러모로 우울했습니다. 한마디로 말해, 제인은 최악의 의미에서의 '착한 여자'였습니다.

제인은 종교에 쉽게 이끌리는 성향의 소유자였습니다. 그녀는 이승에서 우울하게 살면 희망을 품고 저승에 갈 수 있다는 케케묵은 신념에서 위안을 찾는 사람이었습니다. 제인은 자신의 종교적 신념에 관한 일에는 항상 극단적으로 반응했습니다. 종교는 그녀의 내면에 갇혀 억압된 감정을 배출할 수 있는 유일한 출구였기 때문입니다. 언제나 홀로였던 그녀는 종교에 더욱 깊게 빠져 외로움을 달랬고, 서서히 주변으로부터 '독실한 사람'이라는 평판을 얻었습니다. 그녀는 어느새 모 성

영성 단체에서
활동하는
사람이
고통받는
이유는
무엇인가요?

직자를 짝사랑하며 교회에도 열심히 나가기 시작했습니다.

이렇게 종교 분야를 기웃거리다가 제인은 형이상학을 발견했습니다. 당시 그녀에게 가장 시급했던 것은 삶에 대한 삐뚤어진 시각을 바로잡는 일의 중요성을 지적해주는 철학적 가르침이었지만, 불행하게도 그녀가 몸담은 컬트는 그따위 '시시한' 일에는 일절 관심이 없었습니다. 제인이 가입한 단체는 말로 형용할 수 없을 정도로 황홀하고, 보통 사람의 능력으로는 헤아릴 수 없는 추상적이고 화려한 가르침에 매료되어 몰려든 선량한 신도들로 구성되어 있었습니다. 그들은 마치 집단 최면에 걸린 사람들처럼 함께 몰려다니며 방황했고, 제인도 곧 그 대열에 합류했습니다. 혼란에 빠진 집단에 잘 어울리는 제인은 가입 즉시 신도들의 환대를 받았습니다. 그녀 역시 자신의 우울함을 나눌 수 있는 친구들이 생겨 기뻐했습니다. 단체의 신도들도 그녀처럼 수많은 비극과 불의를 경험한 희생자들이었습니다. 그녀는 마치 고향으로 돌아온 것 같은 편안함을 느꼈습니다.

제인은 숭고한 계시를 받드는 신도들의 놀라운 간증에 사로잡혔습니다. 아우라를 볼 줄 안다는 한 점잖은 노인은 제인을 감싸고 있는 초능력의 빛을 대번에 알아봤다고 그녀에게 얘기했습니다. 사람의 전생을 볼 줄 아는 특기를 가진 신도는 놀란 표정을 지으며 제인이 전생에서 캐서린 디 메디치[2]였다고 선언했습니다. 지금껏 별 볼 일 없는 인생을 살았던 제인의 영혼을 채워주는 놀라운 계시였습니다. '영감의 원천'에 가까이 접근할 수 있고 우주적 깨달음에 도달하기 일보 직전의 상태라는 어느 신도는 경이로운 별들의 세계에 관한 이야기를 공유하는 특권을 가지고 있었습니다. 언제나 싱글벙글 웃고 있는 한 중년의 여성은 육신을 떠나 영계를 탐험할 수 있고, 요즘엔 대부분 시간을 제7의 진동계를 유영하는 일에 소비하고 있다고 제인에게 몰래 귀띔해줬습니다. 하지만 낙원에는 뱀도 있기 마련인 법. 어느 날 독신의 여신도가 제인에게 비밀 유지를 당부하며 충격적인 사실을 폭로했습니다. 깨달음을 얻은 이 성스러운 단체를 와해시키기 위해 매우 사악하고 악의적인 정령들이 음모를 꾸미고 있다는 것이었습니다! 그녀의 말에 따르면 이 정령들은 독실한 신도들의 귀에 단체의 교리를 의심하고 의혹을 제기하라는 식으로 속삭이며 유혹하고 있었습니다. 그녀는 악령들의 유혹에 넘어가 단체에서 이탈하는 것은 진리를 배신하는 행위이며, 배신자에게는 무섭고 끔찍한 형벌이 기다리고 있다며 진심 어린 조언을 해 줬습니다.

악령들의 영향으로부터 나를 보호하기 위해서는 단체에 절대적으로 순종하고, 단체의 숭고한 이상을 후원하기 위해 소유한 재산의 일정 부분을 헌금으로 내는 수밖에 없었었습니다. 단체를 의심하고, 복종을 거부하고, 의문을 제기하는 것은 이단의 증거였습니다. 이단의 유혹에 넘어간 자들을 위한 특별한 형벌도 마련되어 있었습니다. 얼마 후 제인은 몸이 덜덜 떨리는 체험을 했습니다. 그녀는 눈에 보이지 않는 사악한 정령들의 짓이라고 확신했습니다. 제인은 겸손하고 헌신적인 활동으로 이너서클의 회원이 되었습니다. 평신도는 접근할 수 없는 작은 세상에 입성한 그녀는 전보다 더욱 입이 벌어지는 이야기들을 들었고, 우주적 깨달음에 이르는 최단 코스의 비밀도 얻었습니다. 제인은 자기가 누구보다도 빠른 속도로 깨달음에 이를 수 있는 독특한 조건을 모두 다 갖춘 사람이라는 선배 신도들의 달콤한 말을 곧이곧대로 믿었습니다. 그들의 주장에 따르면 제인은 인류를 새로운 약속의 땅으로 이끄는 운명을 안고 태어난, 지구상에서 몇 안 되는 구세주 중 한 명이었습니다.

한동안 제인은 첫 무도회에 참가하는 여학생처럼 행복했습니다. 그녀는 그 새로운 세상, 선택받은 자들만 입장할 수 있는 작은 세상의 떳떳한 시민이었습니다. 그녀는 수십 년간 고통을 겪으면서 온갖 시험과 심판을 당당하게 통과한 보상으로 이런 특권을 얻게 되었다고 확신했습니다. 제인은 그녀가 지금까지 고생한 원인이

영성 단체에서
활동하는
사람이
고통받는
이유는
무엇인가요?

자기에게 있다는 사실을 새까맣게 잊어버리고 영혼의 박해를 받기 일보 직전에 구원되었다는 기쁨에 들떠 있었습니다. 그녀는 단체의 가르침을 스펀지처럼 흡수하며 열심히 수련에 임했습니다. 코끝을 집중해서 바라보고, 나는 신과 하나라는 확언을 하루에도 수백 번씩 외웠습니다. 그녀는 결국 기대했던 것 이상의 보상을 받았습니다. 등에서 뭔가 기어오르고 있는 것 같은 신비스러운 느낌을 받은 것입니다. 쿤달리니의 상승이 틀림없었습니다. 이상한 소리도 들려오기 시작했습니다. 굉장히 중요한 계시가 곧 공개될 것이라는 신호였습니다. 그녀는 영감을 얻어 무의식의 상태에서 의미 없는 시를 한 뭉치씩 써 내려갔고, 정체를 알 수 없는 점(아스트랄계에서 온 존재들)을 수시로 보았고, 오래전에 육신을 벗어 던진 존재가 가까이 있음을 느끼며 황홀한 상태로 밤낮을 보냈습니다.

하지만 시간이 흐르면서 예전부터 그녀를 괴롭혔던 고질적인 노이로제 증상이 다시 찾아왔습니다. 말로 설명할 수 없는 불길한 느낌이 그녀를 엄습해 왔습니다. 불면증에도 시달렸습니다. 자기를 비웃는 듯한 악마의 웃음소리가 축복받은 존재들의 속삭임을 대체했습니다. 다급해진 그녀는 이너서클과 현재 상황을 공유하고, 사악한 정령들이 자신의 운명 실현을 방해하기 위해 공작을 펼치고 있다고 하소연했습니다. 그녀는 결국 내면에 갇혀 있던 좌절감, 감정, 콤플렉스, 노이로제의 포로가 되었습니다. 그동안 전혀 대비하지 못했던 부정적 심리의 확장으로 방어기제가 한순간에 무너지면서 그녀는 혼자 힘으로 상황을 다스릴 수 없는 불행한 처지에 놓이게 되었습니다. 제인만큼이나 무지했던 동료들도 물론 전혀 도움이 되지 않았습니다. 상황이 걷잡을 수 없을 정도로 커진 후 그녀는 단체에서 쫓겨났고, 한때 친구로 여겼던 동지들의 저주를 받았습니다. 이 단체의 구성원들은 본래 좋은 의도로 모임을 만들었겠지만, 제인은 결국 자기처럼 무지하고 망상에 빠진 자들과 어울리다가 큰 상처를 입었습니다. 단체에서 나온 제인은 육체적, 정신적 붕괴를 앞두고 있었습니다. 이

영성 단체에서
활동하는
사람이
고통받는
이유는
무엇인가요?

시점에서 상황을 개선하는 유일한 방법은 단체에서의 경험을 완전한 망상으로 규정하고 하루빨리 환상의 세계에서 벗어나겠다는 굳은 다짐뿐이었습니다. 하지만 제인에게 이런 결단을 내리고 실천으로 옮길만한 내적 힘이 남아있는지는 미지수였습니다.

제인을 말로 설득하려는 노력은 별다른 효과를 발휘하지 못했습니다. 그녀는 자기가 남보다 뛰어난 사람이라는 확신을 버리지 못했습니다. 제인은 지금까지 살면서 솔직한 자기성찰을 해본 적이 없었습니다. 그럴만한 기회가 있을 때마다 외면하고 도망치며 살았습니다. 현재로서는 고차원의 신비주의 지식을 이해할 능력이 부족하고, 내면에서 이미 높은 수준의 안전을 확보한 사람에게나 적합한 종교적 수련을 시작하기에는 준비가 되어있지 않았다는 뉘앙스의 말조차 용납하지 않았습니다. 노력도 기울이지 않으면서 대단한 사람이 되겠다는 엉뚱한 야망으로 인해 망상에 빠지게 되었다는 현실을 인정하려면 굉장한 도덕적 용기가 필요한데, 제인은 그런 힘을 내기에는 역부족이었습니다.

본인의 망상과 곁에서 부추기는 동료들로 인해 발생한 허위 심령 현상은 어느새 제인에게 현실이 되어버렸고, 그녀는 그 체험을 통해 의식이 진짜로 크게 확장되었다는 믿음을 버리지 못했습니다. 이 놀라운 체험을 허위로 규정하는 것은 감각기관이 전달한 객관적 정보를 부정하는 것이나 다름없었습니다. 그녀는 감정의 압력이 강해지면 감각을 통해 인지한 정보가 왜곡되고 자신을 속일 수도 있다는 사실을 알지 못했습니다. 인간의 심리에 대해 아는 것도 없고, 고차원의 신비주의 철학에 관해 한 번도 공부해본 적이 없는 그녀는 위기가 닥쳤을 때 활용할 수 있는 기초적이고 필수적인 지식을 전혀 보유하고 있지 않았습니다. 제인이 가입해서 활동하던 단체의 회원들도 그녀와 다를 바 없었고, 도움은커녕 자기를 합리화하는 일에만 급급했습니다.

이너서클의 회원 자격을 박탈당할 무렵의 제인은 심

영성 단체에서
활동하는
사람이
고통받는
이유는
무엇인가요?

각한 질병에 시달리고 있었습니다. 그녀는 수년간 자기를 괴롭혔던 건강상의 적신호를 계속해서 무시해왔습니다. 깨달음에 이르는 순간 육신과 정신의 모든 질환이 마법처럼 사라질 것이라는 장밋빛 꿈에 젖어있었던 것입니다. 그녀의 기본적인 성향은 이미 신체상의 문제를 유발할 수밖에 없는 심리적 패턴을 순차적으로 만들어내고 있었습니다. 심장이 불규칙적으로 뛰고, 몸이 갑자기 차가워지고, 수시로 현기증이 나고, 기억해야 할 일을 자꾸 잊어버리는 증상에 더해 소화불량까지 생겼습니다. 고질병이 하나둘씩 나타나기 시작하는 나이에 접어든 제인은 건강 문제에 특별히 신경을 써야 했습니다. 하지만 그녀는 몸에서 나타나는 모든 증상을 자기만의 방법으로 설명하고 정당화하며 현실을 외면했습니다. 어린 시절부터 키워왔던 피해의식은 악성 종양처럼 퍼져나갔습니다. 그녀는 악령과 사악한 존재들이 자기를 파괴하기 위해 공작을 벌여서 고통스러운 것이라고 해명했습니다. 제인이 앓는 복통은 모두 적들이 그녀를 향해 쏜 사악한 에너지의 산물이었습니다. 심지어 치통도 어둠의 세력이 결백한 그녀를 고문하며 즐거워하고 있다는 결정적 증거였습니다.

그녀는 매우 독특한 존재이기 때문에 류머티즘성 관절염, 간 기능 장애, 신장병 따위가 자기를 괴롭히는 것은 불가능하다고 생각했습니다. 평범한 사람은 병에 굴복할지 몰라도 자기는 지금까지 그래왔듯, 증오심에 불타는 적들의 만행에 끝까지 저항할 것이라고 선언했습니다. 새롭게 나타나는 모든 신체적 증상은 끊임없이 그녀를 괴롭히는 악의 실체를 적나라하게 보여주는 새로운 사례였습니다. 고통을 참다못한 그녀는 몇몇 병원에 가서 진료도 받아봤지만, 큰 실망만 안고 돌아왔습니다. 바보 같은 의사들은 자기가 잔혹한 심리 공격의 중심에 있다는 사실을 깨닫지도, 이에 대한 적절한 처방도 내려주지 못했기 때문입니다. 그녀는 충분한 휴식과 여행, 식단의 개선 등을 권유하는 의사들을 진심으로 안타까워했습니다. 의학계는 도무지 믿을 수가 없다는 결론을 내린 제인은 자신의 상태를 제대로 이해하는

영성 단체에서
활동하는
사람이
고통받는
이유는
무엇인가요?

치료사들을 찾아 나섰습니다.

 그 후 제인을 '진짜로' 이해하는 심령 치료사들이 나타났습니다. 하지만 증상의 원인과 치료법에 관한 의견은 치료사마다 다 달랐습니다. 그들 모두 제인을 '치유'하는 작업에 착수했고, 한동안 그녀의 상태는 크게 호전되었습니다. 여러 치료사가 자기에게 관심을 집중하며 그녀의 사례는 굉장히 독특하다고 진단하자 제인은 속으로 쾌재를 불렀습니다. 하지만 몇 차례의 치료를 진행한 후, 그녀는 금세 원래의 상태로 되돌아갔습니다. 정신이 치료사들의 화려한 미사여구를 걷어내자 예전의 부정적이고 삐딱한 시각이 다시 무대 중앙에 오른 것입니다. 근방에 있는 모든 심령 치료사들을 거친 후, 제인은 자신의 상태가 생각보다 심각하다는 것을 비로소 깨달았습니다. 새로운 실패를 경험할 때마다 그녀는 자신감을 상실하며 더욱 깊은 슬픔의 늪에 빠졌습니다. 정상적인 사람이 그녀가 받은 진단을 접했더라면 아마 두려움에 떨었을 것입니다. 제인의 두려움 역시 커져만

갔습니다.

이 딱한 여인은 엉뚱한 일에 빠져 헤매는 동안 단순하고 쓸모 있는 삶의 목표에 관한 감각을 대부분 잃었습니다. 수년간 걱정과 불안감에 사로잡혀 꼼짝도 못하고, 본인에게도, 세상에도 도움이 안 되는 사람으로 변해갔습니다. 냉정하게 말해, 지금까지의 삶을 정당화할만한 일도 해낸 것이 없었습니다. 사회에 적응하며 소박하게 사는 것의 중요성을 일찌감치 알았더라면 그녀도 열심히 일하며 얼마든지 건설적이고 행복한 사람이 될 수 있었습니다. 자연스럽고 낙천적인 관점을 유지하면서 살면 인생에서 닥치는 부정적인 일도 대부분 극복할 수 있다는 사실을 기억했더라면 불만과 억압을 키우는 대신 꿈과 소망을 성취할 수 있었을 것입니다. 제인이 삶을 바로잡는 방법은 하나밖에 없습니다. 지금 당장 정신 차리고 신변을 정리하는 것입니다.

정교회든 형이상학이든, 두려움과 불안감을 자극하

> 영성 단체에서
> 활동하는
> 사람이
> 고통받는
> 이유는
> 무엇인가요?

는 가르침을 전파하거나, 눈에 보이지도 않는 세상에서 암약하는 사악한 정령과 물질 세상에 존재하는 흑마법사들의 악행을 강조하는 모든 종교/영성 단체는 정신적으로나 감정적으로 불안정한 사람에게 치명적입니다. 게다가 이런 단체는 대부분 인격 계발의 필요성을 별로 강조하지 않으며, 노이로제 증상을 가진 사람들에게 새로운 걱정, 의심, 불확실성을 주입하는 콘텐츠만 꾸준히 생산합니다. 신도들에게 자연스럽지도, 건전하지도 않은 규칙과 루틴의 준수를 요구하는 단체도 많습니다. 비합리적인 제약은 비합리적인 관점을 장려하고 지속합니다. 이런 단체에는 거의 항상 내부적인 분열, 갈등, 불화가 있습니다. 신도들은 모이기만 하면 험담을 일삼으며 남을 물어뜯습니다. 작은 일도 거대한 음모로 확대하고 해석하여 서로 의심하고, 심지어 자기들끼리 종교재판까지 벌이며 타인을 심판하고 규탄합니다. 일반 법정에서는 고려할 가치도 없는, 말도 안 되는 '증거'를 근거로 내세우며 말입니다.

단체의 리더가 수려하거나 존경심을 불러일으키는 외모의 소유자면 그를 중심으로 온갖 질투, 시기, 숭배가 이루어집니다. 이런 상황이 벌어지면 모든 당사자가 피해를 봅니다. 교주마저 신도들의 아첨을 진심으로 받아들이고 점차 사이코패스의 성향을 띠게 됩니다. '신'과 그 휘하의 '천사'들까지 집단으로 파국을 맞게 되는 것은 시간문제입니다. 정신적으로, 감정적으로 불안정한 신도가 겉으로만 높은 이상과 영성을 내세우며 암투를 일삼는 무리 안에 섞이면 그 긴장감을 이기지 못해 균형이 더욱 무너질 가능성이 큽니다. 서로 헐뜯는데 정신이 팔려 가르침은 실천하지 않는 종교 단체는 붕괴의 운명을 피할 수 없습니다.

화려함에 대한 망상은 피해의식만큼이나 고통스럽습니다. 처음에는 휘황찬란하게 보일지 모르지만, 끝은 항상 안 좋습니다. 이번엔 존의 사례를 살펴보겠습니다. 그는 자기가 하고 싶은 대로 다 하게 놔두는 가정에서 외아들로 태어나 곱게 자랐습니다. 대학에 입학할 무렵

영성 단체에서
활동하는
사람이
고통받는
이유는
무엇인가요?

존은 이미 심각한 수준의 왕자병 환자가 되어있었습니다. 학업 성적은 평범했지만, 교내에서 존은 고급 승용차를 몰고, 최고급 사교 클럽의 회원으로 열정적으로 활동하고, 거하게 돈을 쓸 줄 아는 청년으로 널리 알려졌습니다. 하지만 그의 주변에 몰려든 친구들에게 매번 밥과 술을 사지 않았더라면 그리 인기가 많지 않았을 것입니다. 부모로부터 큰 유산을 물려받은 존에게는 생계를 위해 사업을 하거나 기술을 익힐 동기가 없었습니다. 대학 졸업 후 취직은 했지만, 열심히 일하지도 않았고 회사에서 두각을 나타내지도 못했습니다. 무능했던 그는 결국 유산으로 받은 돈을 조금씩 다 까먹었고, 경제적으로 자립할 능력이 없는 상태로 세월을 낭비했습니다. 그의 에고를 충족시켜줄 수 있는 우월한 지위에 오르겠다는 터무니없는 꿈은 날로 멀어져만 갔습니다.

존의 가정은 깨지지 않았지만, 그렇다고 딱히 화목한 것도 아니었습니다. 어쩌면 그의 아내가 꾸준히 사들였던 신비주의 철학과 형이상학 관련 서적 덕분이었는지도 모릅니다. 남편으로부터 안전을 얻지 못한 아내는 책에서 위안을 구했습니다. 존도 가끔 아내가 사 온 책을 읽었습니다. 진지하게 정독했다기보다는, 평범한 성적으로 대학을 졸업한 사람답게 회의적인 시선으로 대충 훑어보는 수준이었습니다. 어느 단체의 메일링 리스트에 오르기 전까지는 시시하게 여겼습니다. 그러다 운명의 날이 찾아왔습니다. 특이하고 신비스러운 디자인으로 예쁘게 장식된 편지를 한 통 받았는데, 존이 '위대한 자들의 위원회'에 의해 우주의 부와 카리스마 넘치는 인격의 비밀 지식을 받을 적임자로 간택되었다는 내용이 담겨 있었습니다. 편지에 따르면 우주의 귀족 중에서도 이 정도로 높은 지위에 오를 자격이 있는 사람은 백만 명 중 한 명에 불과하다고 합니다. 무료로 제공되는 팸플릿 발송을 신청하기만 하면 존이 새로운 사람으로 태어나는 것은 시간문제였습니다.

존은 어이없는 술책에 쉽게 넘어갔습니다! 팸플릿은 그를 알라딘의 보물, 크로이소스의 금고, 시대의 지혜

영성 단체에서
활동하는
사람이
고통받는
이유는
무엇인가요?

로 안내하는 관문이었습니다. 무료 팸플릿을 받아서 읽어보니 인간의 영혼에 깃든 힘을 설명하는 추상적인 문구가 몇 줄 적혀있고, 이 단체를 운영하는 깨달은 자들의 지침에 따라서 올바른 방향으로 삶의 목표를 설정하면 모든 소망이 반드시 이루어질 수 있다는 내용으로 꾸며져 있었습니다. 동봉된 신청서를 작성하여 10달러만 보내면 이 모든 것을 손에 넣을 수 있었습니다. 의욕에 넘친 존은 매일 밤늦게까지 공부에 공부를 거듭했습니다. 기초적인 학습 능력도 없으면서 난해하고 추상적인 카발라의 미스터리와 브라만의 수련 기법을 이해하기 위해 수험생처럼 매달렸습니다. 나는 고급 지식을 받을 자격이 있는 사람이라는 확신을 얻기 위해 존은 먼지 쌓인 사전까지 책장에서 꺼내 들었습니다. 그 운명의 편지를 받기 전까지는 카발라에 대해 들어본 적도 없고, 브라만이 어느 나라에 사는 사람들인지도 몰랐기 때문입니다.

당연한 이야기지만, 우주의 부를 획득하는 비밀은 즉

각 얻을 수 있는 것이 아니었습니다. 1단계에서는 지극히 기초적인 지식만 주어졌습니다. 2단계로 승급하려면 10달러를 또 내야 하고, 3단계 이수를 위한 준비단계인 2단계를 통과하면 10달러를 더 내고 3단계로 승급하는 기회가 주어졌습니다. 3단계에서는 4단계에서 주어지는 놀라운 지식에 관한 정보를 얻었습니다. 보통 단계와 차원이 다른 4단계는 승급비용이 조금 비쌌습니다. 4단계에 오르니 5단계를 홍보하고 있었고, 5단계는 6단계를 광고하고 있었고, 6단계에서는 7단계를 추천하고 있었습니다. 몇 년간 열심히 노력하여 최종 단계인 19단계까지 이른 존은 수많은 두루마리 증서, 수료증, 인증서, 휘장을 소유한 사나이가 되었습니다. 그는 '위대한 자의 제1 보좌관'이라는 타이틀을 얻은 것에 대해 크게 기뻐했습니다. 위엄 서린 타이틀은 한동안 그의 에고를 힘껏 띄워줬고, 그는 자기가 진정으로 위대한 존재가 되었다는 사실을 확신하며 들떠 있었습니다.

> 영성 단체에서
> 활동하는
> 사람이
> 고통받는
> 이유는
> 무엇인가요?

하지만 이처럼 많은 것을 성취했음에도 불구하고 존은 카리스마 넘치는 인격과 우주의 보물이 손에 들어오지 않았다는 사실을 점차 깨달았습니다. 갑자기 실망감이 몰려왔고, 실의에 빠진 존은 친구에게 사정을 털어놓았습니다. 이 친구는 자기도 이전에 똑같은 경험을 했고, 존이 단체를 잘못 선택하는 바람에 곤경에 처한 것이라고 설명해줬습니다. '위대한 자들의 위원회'가 아니라 '고귀한 자들의 형제단'에 가입했어야 했다는 것입니다. 이 형제단이야말로 우주의 비밀을 푸는 진짜 열쇠를 가지고 있다는 것이 그의 주장이었습니다. 친구의 권유에 따라 존은 또 같은 짓을 반복했고, 역시나 똑같은 결과를 얻었습니다. 존은 진지했지만 바보였습니다. 그는 각종 단체에서 만들어낸 엉터리 의식의 사다리를 오르기만 하면 마법처럼 무능이 유능으로 바뀔 수 있다고 진심으로 믿었지만, 그가 올랐던 모든 사다리의 꼭대기는 하나같이 진공상태였습니다.

존은 결국 세상 모든 일에 환멸을 느끼는 지경에 이

르렀습니다. 그는 거짓 주장을 펼치며 여태껏 자기를 속인 단체들을 거부했을 뿐 아니라, 진짜 영감을 주는 아름다운 가르침까지 통째로 내다 버렸습니다. 존이 경험했던 사기 단체들은 역사 속의 위인과 진정으로 인류의 발전에 이바지한 조직의 이름을 앞세워 피해자들을 유혹했습니다. 영성에 관한 모든 것을 냉소적인 시각으로 바라보기 시작한 존은 좋은 것과 나쁜 것 따지지 않고 전부 다 외면했고, 인격 계발에 전혀 도움이 되지 않는 물질만능주의자가 되었습니다. 분별력이 부족했던 존은 현실을 제대로 파악하지 못했습니다. 본인의 귀가 얇다는 사실은 알아차리지 못한 채, 생각이 깊은 사람은 절대로 속지 않을 사기에 넘어갔던 것입니다.

맹인이 맹인을 인도하다가 모두가 곤경에 처하는 사례도 있습니다. 위험한 교리라고 해서 다 사람을 속이고 이용하기 위해 만들어진 것은 아니지만, 단체를 설립한 사람이 본인의 인격에 문제가 있다는 사실을 인지하지 못하면 의도치 않게 자신과 남에게 피해를 줄 수

<sub>영성 단체에서
활동하는
사람이
고통받는
이유는
무엇인가요?</sub>

있습니다. 영성계에서 쉽게 볼 수 있는 이 현상을 설명하기 위해 가상의 사례를 한번 들어보겠습니다.

'우주 자경단 협회'의 대표들은 자기들이 인간과 신성의 모든 실수로부터 인류를 보호하는 최전방의 방어선이라고 자랑스럽게 선언했습니다. 우주 자경단 협회는 페넬로페 프림 여사가 심리적으로 혼란에 빠졌던 시절에 '계시'를 받고 즉흥적으로 설립한 단체입니다. 훗날 '프림 자매', '프림 어머니'를 거쳐 '아바타 프림'의 칭호를 얻게 되는 프림 여사는 따스하고 양심적인 사람으로, 순수한 마음에서 모든 일을 행했습니다. 그녀는 '영적으로 성숙한' 여러 영혼과 공부를 했고, 여기저기서 주워들은 가르침을 뒤섞고 왜곡하여 자기가 보기에도 썩 괜찮은 컬트를 만들어냈습니다. 보통 사람은 접하기도 어려운 놀라운 지식을 얻었으니, 이제 자기보다 열등한 시민들과 이 지혜를 공유할 의무가 생겼다고 생각한 그녀는 기꺼이 십자가를 짊어지겠다고 결심합니다. 정의의 갑옷으로 무장한 프림 여사는 복음을 전파하는 전도사의 열정과 새로 선임된 선교사의 자신감으로 세상을 향해 첫 발걸음을 내디뎠습니다.

프림 여사는 자신의 영적 성장을 '내면에서 펼쳐지는 놀라움'으로 묘사했습니다. 그녀는 매일 새로운 것을 체험하고 발견하면서 영원히 멍한 상태로 둥둥 떠다녔습니다. 서글서글한 성격의 그녀 주위로 금세 수많은 추종자가 몰려들었고, 그들은 '프림 자매'가 보통 사람을 능가하는 축복받은 존재라고 믿기 시작했습니다. 그들은 그녀를 찾아가 고민거리를 털어놓았고, 프림 자매는 (비록 실용성은 없지만) 최대한 진지하게 해법을 제시해 주었습니다. 날이 갈수록 신도들은 프림 자매에게 의존했고, 본인 힘으로 해결해야 마땅한 일상적인 문제에 관해서도 그녀의 조언을 구했습니다. 그런데 프림 여사는 지금까지 살아오면서 자기 인생의 중요한 문제를 한 번도 성공적으로 해결해본 적이 없는 사람이었습니다. 그녀도 다른 사람처럼 실수를 반복했고, 문제의 본질을 이해하지 못해서 매번 같은 고통을 받고 있었습

영성 단체에서
활동하는
사람이
고통받는
이유는
무엇인가요?

니다. 하지만 엉뚱한 신념에 중독된 그녀는 이 명백하고 객관적인 사실에 아랑곳하지 않고 그녀를 따르는 온순한 양들에게 조언하고, 권고하고, 경고하고, 책망하고, 안내하고, 지시하고, 한마디로 그들의 삶을 대신 살다시피 했습니다.

신도 중 통계에 관한 아주 기초적인 상식을 가진 사람이 한 명만 있었더라도 객관적으로 상황을 바라보고, 프림 여사의 조언을 따랐을 때 어떤 결과가 발생하는지 쉽게 파악할 수 있었을 것입니다. 하지만 독실한 신도들은 그따위 '현실적'인 문제에는 관심이 없었고, 다양한 증상들이 복합적으로 작용하면서 자기들의 삶을 망가뜨리고 있는 징후들을 모두 무시했습니다. 프림 여사에게 약간의 상담 경력이나 다양하고 알찬 인생 경험이 있었더라면 신도들에게 조언할 때도 현실성을 가미했을지 모릅니다. 그녀의 조언을 따랐다가 더욱 깊은 수렁에 빠져도 신도들은 그녀를 탓하지 않았습니다. 세상이 아직 깨달은 자를 받아들일 준비가 되어있지 않았기 때문에 발생하는 현상이었고, 독실한 신도라면 결과에 연연하지 않고 그녀의 가르침을 실천하면서 인내해야 한다고 굳게 믿었을 뿐입니다. 현실에서 유효성을 입증할 수 없는 교리도 많은 사람을 유혹할 수 있습니다. 프림 여사의 우주 자경단 역시 무수한 실패에도 불구하고 규모를 계속 확장해 나갔습니다. 독실한 자가 고난을 겪는 것은 당연한 일이고, 교리의 모순을 지적하는 자는 영적이지 않다는 비판을 받았습니다.

모두가 영생할 것으로 믿어 의심치 않았던 '프림 어머니'는 세월이 흘러 이승을 떠났습니다. 신도들은 다음 차원으로 넘어간 그녀를 이제는 '아바타 프림'이라 부르며 경배했습니다. 그녀가 생전에 했던 지혜의 말과 격언, 낡은 설교와 의견은 경전이 되었고, '프리마이트(이방인들이 프림 여사의 신도들을 칭하는 용어로, '프림을 추종하는 자들'이라는 뜻)'들은 그녀의 복음을 문자 그대로 따르기 시작했습니다. 그녀가 했던 말에 토씨를 추가하거나 해석을 달리하는 것은 허용되지 않았습니다. '프림

영성 단체에서
활동하는
사람이
고통받는
이유는
무엇인가요?

복음서'의 절대성에 의문을 제기하는 것은 이단이자 성령을 대상으로 죄를 범하는 신성모독이었습니다. 교주의 가르침에 이 정도로 헌신하는 신도들의 모습은 참 가상하지만, 그녀의 '가르침'은 경배할 만한 것이 아니었습니다.

얼핏 보기에는 지능과 지성을 겸비한 사람들이 어리석은 행동에 따른 뻔한 결과를 간파하지 못한다는 것이 참 불가사의합니다. '프리마이트'들이 교주의 가르침을 그대로 따르면서 이 세상에서 생존하는 것은 누가 봐도 불가능한 일이었습니다. 신도들은 교리를 따랐다가 여러 차례 고생한 후, 대부분의 계명을 비공식적으로 무시하기 시작했습니다. 표면적으로는 프림 여사에 대한 영원한 충성을 맹세하며 다녔지만, 실생활에서는 그녀를 존재하지도 않았던 사람처럼 취급하며 행동했습니다. 하지만 우주 자경단에 새로 가입한 새내기 신도들은 그녀의 계명을 따라야 했습니다. 그들 역시 엉뚱한 교리를 따르다가 도저히 견딜 수 없는 지경에 이른 후, 계명을 버리고 무늬만 '프리마이트'인 신도가 되었습니다.

프림 여사로서는 자기가 많은 사람의 인생을 망치고 있다는 사실을 알기 전에 세상을 떠난 것이 그나마 다행인지도 모르겠습니다. 하지만 고통은 남아있는 신도들의 몫이었습니다. 프림 여사에게는 생전에도 자기가 신도들에게 부정적인 영향을 주고 있다는 명백한 사실을 깨달을 능력도, 인정할 마음도 없었을 가능성이 큽니다. 그녀에게 실망하고 정신을 차린 신도들은 굳이 문제를 제기하지 않고 조용히 떠났고, 프림 여사도 떠난 자들에게 미련을 갖지 않고 곧 잊어버렸습니다. 그녀가 관심을 쏟아부어야 할 사람은 어디까지나 믿음을 가진 자들이었습니다. 신도들은 누구를 탓해야 할지도 모를 정도로 깊고 복잡한 혼란에 빠져있었습니다. 프림 여사는 신도들의 세상을 비좁게 만들면서 그들의 성장에 제동을 걸었습니다. 우리는 세상을 경험하면서 성장하기 위해 태어난 존재들입니다. 그 경험을 솔직하게 해석하지 못하면 경험이 선사하는 가르침도 받을 수 없

영성 단체에서
활동하는
사람이
고통받는
이유는
무엇인가요?

습니다. 프리마이트 신도와 현실의 삶 사이에는 '프림의 계시'라는 거대한 벽이 서 있었습니다. 프림의 계시라는 색안경을 쓴 상태로 바라본 현실은 아무런 의미도 없는 것이었습니다.

프림 여사는 가르침을 전할 때 수시로 성경 구절을 인용하면서 신도들의 정신상태를 더욱 혼란스럽게 만들었습니다. 전통적으로 권위를 인정받고 있는 성경을 바탕으로 한 프림 여사의 계시에 의문을 제기하는 것은 왠지 적절하지 않다는 생각이 들었던 것입니다. 프림 여사가 자신의 주장을 뒷받침하고자 할 때 필요한 구절만 인용하고 있다는 사실을 눈치챈 사람은 없었습니다. 성경의 메시지를 잘못 해석해 역사적으로 많은 재앙(예: 종교재판)이 발생했었다는 사실도 신도들의 기억에서 사라졌습니다. 우주 자경단이 사회적 물의를 일으키지 않고 항상 삶의 좋은 것을 목표로 삼았다고 해도 이건 결코 건전한 상황이 아닙니다. 인간은 누구나 현실을 직면하고 자기의 결점을 정복하는 지혜와 용기를 계발해야 합니다. 이 기본적인 삶의 책무를 낡은 격언과 확언으로 덮어버리면 시간과 기회만 낭비하게 됩니다.

자연을 통해 모습을 드러내고 실현되는 신의 법칙을 제멋대로 왜곡하고 타협하는 가르침을 전파하는 종교 단체들이 많습니다. 눈으로 볼 수 있고 현실적으로 자명한 것은 무시하고, 모호하고 확실하지 않은 추상적인 얘기만 늘어놓으며 영광을 얻는 소망을 믿으면 모든 것이 다 해결될 것이라는 식으로 신도들에게 가르치는 것입니다. 그 결과 신도들은 감각기관이 전하는 메시지와 상반되고 누구나 상식으로 알고 있는 사실을 무시하는 모순적인 세계관을 갖게 됩니다. 이들은 상상 속에서 만들어낸 꿈의 세상에 살면서 존재하지도 않는 장애물을 상대로 용감하게 싸우고, 존재하지도 않는 목표를 달성하기 위해 필사적으로 노력하고, 존재하지도 않는 실망감과 고통에 일상적으로 시달립니다. 망상은 아무리 우아하고 선량해 보여도 위험합니다. 망상은 노이로제 성향을 부추기고, 좌절감을 확대하고, 콤플렉스를 강화하고, 그렇지 않아도 인간의 정상적인 기능에 부정적 영향을 주고 있는 자기 억제를 더욱 키우는 결과를 초래합니다. 순간적인 편안함과 감성적인 만족을 위해 인격의 빈곤이라는 큰 대가를 치르는 독실한 신도들이 너무나 많습니다.

신도들의 삐뚤어진 관점과 편견을 다 받아주고 이에 맞춰 행동하는 종교 단체들도 많습니다. 인간은 지난 수백 년간 고고한 종교적 신념을 앞세워 잔혹한 본능과 부도덕한 의도를 드러내고 지속했습니다. 신흥 컬트는 생존하기 위해 차별화 전략에 의존합니다. 다른 단체와 비교할 수 없을 정도로 차원이 다르고 더 훌륭하다는 인식을 심어주기 위해 기를 씁니다. 이런 전략은 무관용을 장려하고 우월 콤플렉스를 정당화합니다. 대형 조직과 경쟁하는 작은 단체들은 다른 단체의 신념을 비난하고 자기들만의 독특한 완전성을 떠올리며 사색에 잠기는 일에 상당히 많은 시간을 할애합니다. 신흥 컬트는 또한 기성 단체들보다 자기들이 더 영적이라는 주장을 내세웁니다. 이렇게 자기를 정당화하기 위해 내뱉는 거짓말은 쌓이고 쌓여 피라미드만큼 큰 산을 이룹니다. 이 나라에도 나는 세상을 구원하기 위해 태어났다는 착각에 젖어있는 많은 회원으로 구성된 컬트 단체가 수백에 이릅니다. 이런 현실을 객관적인 눈으로 바라보는 회의론자가 냉소적인 사람으로 변하는 것도 무리가 아닙니다.

신비주의와 종교적 철학의 가르침을 깊게 연구하고 싶다면 일단 어느 정도의 기초 지식을 습득한 상태에서 접근해야 합니다. 단순히 헌신하는 마음만으로 종교를 이해할 수 있는 것이 아닙니다. 종교는 예술이자 과학입니다. 종교를 공부하기 위해서는 우선 종교의 역사부터 배워야 합니다. 제가 이렇게 얘기하면 역사학자는 물리적인 사건을 기록하는 사람에 불과하다고 말하며 반발하는 사람들이 있습니다. 맞는 말이긴 하지만, 역사 공부는 분별력을 계발하는 도구이기도 하다는 점을 잊어서는 안 됩니다. 과거를 공부하면 현재를 측정할

영성 단체에서
활동하는
사람이
고통받는
이유는
무엇인가요?

수 있고, 미래의 가능성도 어느 정도 예측할 수 있습니다. 종교의 역사를 공부하면 특정 교리의 장점과 약점, 그리고 그 교리에 대한 믿음이 인간 사회에 작용하면서 어떤 결과를 불러왔는지 확인할 수 있습니다.

종교의 역사를 공부한 후에는 비교종교학을 공부해야 합니다. 이를 통해 인류가 영성 분야에서 계발한 다양한 개념을 접할 수 있고, 오늘날 새롭게 주목받고 있는 사상이 대부분 인류 역사 초기부터 존재했었다는 사실도 알게 됩니다. 비교종교학 공부를 완전히 마치기 전에 기본만 습득해도 전 세계 종교 지도자들의 90%보다 더 많은 식견을 보유하게 될 것입니다. 이 공부를 통해 경전 해석의 오류와 의도적인 왜곡의 사례를 식별하는 안목도 기를 수 있습니다. 분별력이 강해지면서 속임수에 쉽게 넘어가지도 않고, 컬트가 난무하는 세상에서도 흔들리지 않고 생존할 수 있습니다. 다른 모든 분야와 마찬가지로 종교에서도 무지는 도움이 되지 않습니다. 하지만 종교인 중에는 지적 한계를 자신이 속한 단체에 대한 독실함을 입증하는 증거로 여기며 자랑스러워하는 사람도 많습니다.

  종교에 관한 어느 정도의 지식기반을 갖춘 후에는 다양한 단체와 종파들이 내세우는 주장과 허세를 종교학 분야 전문가들의 설명과 비교해볼 수 있습니다. 이처럼 간단한 절차만으로 거짓 단체들의 대부분을 솎아내고 속임수로부터 자신을 보호할 수 있습니다. 미국에서 활동하고 있는 수많은 종교/영성 단체들의 놀라운 주장에 깊은 인상을 받은 한 영국의 학자가 2차대전이 발발하기 직전에 미국을 방문한 적이 있습니다. 이 단체들의 경전과 사상을 분석하고 연구하기 위해 현장답사 차원에서 온 것입니다. 당시 저에게는 이 단체들이 운영하는 도서관을 샅샅이 뒤져봤자 요리책과 오래된 백과사전 세트 정도 외에는 쓸만한 정보를 얻을 수 없으리라는 불편한 현실을 전해주는 불쾌한 임무가 주어졌습니다. 이 학자는 처음에 제 말을 믿지 않았지만, 본인이 직접 살펴본 후 고개를 저으며 실망감을 안고 귀국했습

영성 단체에서
활동하는
사람이
고통받는
이유는
무엇인가요?

니다. 영성 분야에서 최고임을 자처하는 단체들은 그의 가장 기본적인 질문에도 합리적이고 만족스러운 대답을 내놓지 못했습니다.

   속임수는 허세를 과장하여 생존을 시도합니다. 사기꾼의 행동 패턴을 아는 사람은 거짓 주장에 속지 않지만, 지식이 없거나 학습 능력이 떨어지는 사람은 화려한 카리스마와 황홀한 교리에 홀딱 넘어갑니다. 단체에서 활동하다가 고통을 겪고 자기가 속았음을 뒤늦게 깨우친, 정직하지만 분별력이 떨어지는 신도는 몸담았던 기존 컬트와의 관계를 단절하고 또 다른 단체를 찾아 나섭니다. 새로 가입한 단체도 이전 단체보다 나을 것 하나 없는 껍데기임에도 불구하고 반복적으로 같은 실수를 저지릅니다. 이런 패턴이 습관화되면 만성적인 '단체 가입자'가 됩니다. 영적 안전을 구하기 위해 이런저런 단체에 지나치게 의존하면서 태어날 때 가져온 기본적인 역량을 점차 상실하게 되는 것입니다.

매리 제인이 아주 대표적인 사례입니다. 그녀는 25년 동안 여러 형이상학과 영성 분야의 단체를 넘나들며 살았습니다. 매리는 남편이 상당한 규모의 유산을 남기고 세상을 떠난 후 형이상학 병에 걸렸습니다. 그녀는 살던 지역을 점령한 여러 아시아계 스승들을 따라다니며 그들이 진행하는 신비주의 강의를 하나도 빠지지 않고 다 들었습니다. 십여 명의 영적 영양사들에게 건강의 비밀을 전해 받았고, 찻잎 점에서 카발라에 이르기까지 신비주의와 관련한 것이라면 닥치는 대로 통신강의를 이수했습니다. 그녀는 '속세를 등지고' 전 세계 오지에 소재한 성소를 찾아 떠나느라 아델리나 패티[3] 여사보다도 많은 횟수의 송별회를 치렀습니다. 《잃어버린 지평선[4]》을 감명 깊게 읽고 나서는 티베트에서 생을 마감하겠다고 다짐했지만, '여사님처럼 예민한 분은 고지대에서 생존하기 어려울 것'이라는 치료사의 말을 듣고 포기했습니다.

불행 중 다행으로, 그녀는 심리적으로는 그다지 예민

영성 단체에서
활동하는
사람이
고통받는
이유는
무엇인가요?

하지 않았습니다. 인간을 둘러싼 아우라를 보기 위해 무던히도 노력했지만, 기껏해야 정체를 알 수 없는 얼룩 정도만 보는 데 그쳤습니다. 단 한 차례의 전생도 기억해내지 못했다는 이유로 여러 단체에서 평판이 나빠지기도 했습니다. 솔직히 말해, 그녀는 전생은커녕 이번 생에서 있었던 일도 제대로 기억하지 못하는 상태였습니다. 심령 현상의 해석 분야에서도 두각을 나타내지 못했고, 타로로 앞날을 내다보지도 못했습니다. 매리가 내릴 수 있는 결론은 하나밖에 없었습니다: 나쁜 카르마와 낮은 진동수. 하지만 그녀는 포기하지 않고, 자기를 회원으로 받아주는 단체라면 예외 없이 문을 두드렸습니다. 그녀의 끈질긴 노력은 결국 실질적인 보상으로 이어졌습니다. 최근 몇 년 동안은 비행 청소년들의 재활을 돕는 실용적인 프로그램에 적극적으로 참여하고 있거든요.

어느 날 오후, 머리가 허옇게 세고 아담한 체격의 매리 제인이 제 사무실 문을 두드렸습니다. 그녀의 표정은 온화하고 자애로웠습니다. 무려 15명의 '현자'들을 거치고도 살아남은 생존자답게 유머 감각도 탁월했습니다. 그녀는 그간의 경험을 몇 마디로 요약했습니다. "다 제 잘못이죠. 저는 영적인 인간이 되겠다는 꿈을 좇느라 인생의 전성기를 허비했습니다. 제게 필요한 경험이었는지는 몰라도, 많은 시간과 돈을 대가로 치러야 했습니다. 하지만 지금은 만족스럽습니다. 곤경에 처한 젊은 여성들을 돕는 단순하고 실용적인 일을 하면서 저 자신을 잊는 법을 깨우치게 되었으니까요." 그녀는 자기가 도운 젊은이들이 직장을 구하고, 화목한 가정을 꾸리고, 무엇보다 자기처럼 불행했던 사람들을 위해 봉사하고 있는 사례들을 설명하며 덧붙였습니다. "제가 이 일을 20년 더 일찍 시작했더라면 얼마나 좋았을까 하는 아쉬움이 있습니다. 그랬더라면 더 많은 것을 성취할 수 있었을 텐데……."

매리 제인처럼 의미 없는 컬트에 관여했다가 무사히 빠져나왔다 하더라도 그동안 낭비한 시간과 에너지는

> 영성 단체에서 활동하는 사람이 고통받는 이유는 무엇인가요?

되찾을 수 없습니다. 분별력이 좋아져 지혜로운 선택을 내릴 수 있을 때까지는 시간이 곧 생명이라는 사실을 잊어서는 안 됩니다. 우리에게는 물질 세상에서 활동할 수 있는 일정한 시간이 주어졌습니다. 이 소중한 기회를 쓸모없는 일에 집중하면서 버리지 않도록 주의해야 합니다. 확실하지도 않은 희한한 교리를 내세우는 것 외에 다수의 영성 단체와 종파가 인간 사회의 발전에 공헌하는 것이 뭐가 있습니까? 단체에 속한 신도들은 한동안 에고의 갈증을 충족시키며 하늘을 걷듯 둥둥 떠다니지만, 이들이 타인에게 감사받을 만한 일을 성취한 것이 과연 얼마나 될까요? 이런 단체에 속한 신도들은 삶의 기본적인 책무를 외면하고 영적 야망의 실현에만 사로잡히는 경향이 있습니다. 수많은 단체가 '우주의 자선'을 운운하며 다양한 프로그램을 홍보하지만, 이런 프로그램이 실질적인 결과로 이어지는 사례는 많지 않습니다. 그렇게 잠시 활동하다 사라지는 경우가 대부분입니다.

저는 지난 30년 동안 문자 그대로 수백여 개의 단체들이 우후죽순으로 여기저기서 솟아나고, 한동안 잘 나가다가 갑자기 사라지는 현상을 여러 차례 목격했습니다. 이 단체들은 수많은 선량한 시민의 인생을 망치고, 지극히 위험한 교리만 널리 퍼트린 채 자취를 감췄습니다. 하지만 단체가 사라진 후에도 그들이 뿌린 씨는 아직 태어나지도 않은 미래 세대에게까지 영향을 줍니다. 죽은 어제가 다가올 내일까지 물들이는 것입니다. 사기를 떨어트리는 일련의 경험을 반복적으로 겪으면서 상처를 입지 않기란 쉽지 않습니다. 단체의 지도자에게는 자기의 관념과 의견을 전파하는 것보다 훨씬 더 크고 무거운 책임이 있습니다. 이들은 대부분 자기가 아름답고, 고귀하고, 희망적이라고 생각하는 개념들이 사실에 근거하지 않거나 실용적이지 않으면 오히려 위험할 수 있다는 사실을 잘 모르고 있습니다. 열정만 가지고 세상을 구할 수 있는 것이 아닙니다. 이론상으로는 참 숭고하지만, 보통의 인간은 실천하기도 어렵고, 억지로 실천하려 했다간 본인과 주변 사람들에게 큰 피해를 줄 수 있는 종교적 가르침도 많습니다.

  물론 이런 현상이 발생하는 가장 큰 이유는 가르침의 왜곡과 오역 때문입니다. "먼저 그의 나라와 그의 의를 구하라.[5]"는 가르침은 맞는 말이지만, 이걸 "나의 기본적인 책무를 모두 저버리고 천국에만 매달려라."라는 식으로 해석하면 가르침의 본질을 왜곡한 것입니다. 어느 단체의 지도자는 자신의 신념을 이렇게 설명했습니다. "신은 전지전능하고 모든 것을 사랑합니다. 이건 누가 봐도 자명한 사실입니다. 따라서 신은 모든 자녀가 행복하고, 번창하고, 건강하고, 삶이 선사하는 좋은 것을 마음껏 누리기 바란다는 것 역시 자명합니다." 이런 주장에 이의를 제기했다간 신성을 모독했다는 비난을 받기에 십상입니다. 약간의 상식만 가진 사람도 이 지도자의 선언이 그의 독실함과 깨달음을 잘 표현했다고 생각할 것입니다. 하지만 그가 말한 '자명한 것'이 진짜로 자명한 것일까요? 전지전능한 신이라면 애초에 완벽한 계획에 따라 세상을 창조했을 것입니다. 인간이 전지전능한 신의 뜻에 차질이 생기지 않도록 보장하기 위해 굳이 컬트를 만들어야 할 필요가 있었을까요? 뭔가 앞뒤가 맞지 않는 주장이지만, 듣기에는 참 좋습니다. 대단한 신성의 계시인 것처럼 들립니다.

종교계와 철학계는 수천 년 동안 이 딜레마를 두고 고민했습니다. 왜 전지전능하고 무한한 자원을 가진 신이 세상에 전쟁, 범죄, 질병, 슬픔, 죽음을 허락했을까요? 부처는 이 의문에 대해 이렇게 설명했습니다. "신에게 그런 비극의 발생을 막을 능력이 없거나, 우리가 알지 못하는 어떤 이유로 그런 일이 벌어지도록 허용한 것이다." 오늘날 승승장구하고 있는 많은 영성 단체들이 자기들만의 독특한 교리를 따르면 수천 년간 이어져 온 인류의 고통과 슬픔의 역사를 올바른 방향으로 틀 수 있고, 신이 본래 의도했던 대로 완벽한 세상을 만들 수 있도록 도울 수 있다고 신도들에게 가르치고 있습니다. 하지만 이런 가르침은 신도들에게 잠시 열정을 느끼게 해줄 뿐, 실질적인 결과로 이어지지 않습니다. 일시적으

영성 단체에서
활동하는
사람이
고통받는
이유는
무엇인가요?

로 냉혹한 현실을 시야에서 가려도 우주의 계획은 바뀌지 않고 계속 진행됩니다. 모든 인간이 낙원에서 형제처럼 영원히 함께 더불어 살아가며 지복을 느끼는 것이 신의 계획이었다면, 지금 그 계획에 큰 차질이라도 생겼다는 뜻인가요? 물질 세상에서 인간만 고생하는 것도 아닙니다. 버틀러가 말했듯이, 심지어 벌레도 자기보다 작은 벌레에게 물리는 고통을 받으며 삽니다.

인류의 보편적인 개혁을 위해서는 예쁘게 잘 정리된 격언보다 더 효과적인 무엇이 필요합니다. 자기를 계발하고 보다 나은 사회를 건설하는 역량을 잘 활용하여 새로운 것을 만들어내야 합니다. 역량과 헌신이 신념을 뒷받침해야 실질적인 변화가 이루어질 수 있습니다. 인간의 역량은 세상에서 실질적인 효과를 발휘할 수 있는 공식과 계획을 통해 드러납니다. 이 계획을 실행으로 옮겨야 문명이 발전할 수 있습니다. 형이상학을 공부하는 사람은 대체로 신념, 진실성, 헌신하는 마음은 가지고 있지만, 실용적인 역량은 부족합니다. 어느 분야든 역량을 다듬는 방법은 하나뿐입니다. 바로 경험입니다. 하지만 '경험'이라는 단어조차 사람마다 해석이 달라질 수 있는 광범위한 의미를 내포하고 있습니다. 지극히 개인적인 경험은 타인에게 큰 의미를 지니지 않을 수 있습니다. 한 사람의 경험이 아무리 풍부할지라도 인간에게 필요한 모든 것을 아우를 순 없습니다. 보통 사람보다 광범위하고, 심도 있고, 큰 경험을 한 사람은 인류의 발전에 그만큼 더 이바지할 잠재력을 가지고 있지만, 그 경험으로 인해 정신이 혼란스러워지거나 편견과 자만심의 벽이 세워지면 제아무리 다채로운 경험도 의미를 지닐 수 없습니다. 적개심을 품고, 불만투성이고, 노이로제에 시달리고 있는 사람의 경험에는 우울감이 배어 있어서 사회에 큰 도움이 되지 않습니다.

만성적인 '컬티스트' 중 삶의 경험이 풍부한 사람은 그리 많지 않습니다. 오히려 작은 세상에 갇혀 살다가 시각이 좁아지고 세상을 바라보는 관점이 파괴된 사례가 많습니다. 그는 자기보다 딱히 나을 것도 없는 사람

영성 단체에서
활동하는
사람이
고통받는
이유는
무엇인가요?

에게 가르침을 받고, 실생활에 적용할 수도 없고 문제 해결에 도움도 되지 않는 추상적인 지식으로 머리를 가득 채웁니다. 현실에서 활용할 수 없는 전통에 중독되고, 행동보다는 끝없는 논쟁만 유발하는 해석에 치중합니다. 저는 오래전부터 모든 종교 단체가 미술과 공예, 과학, 그리고 일상적인 삶에 도움이 될 수 있는 철학을 가르쳐야 한다고 생각해 왔습니다. 인류가 지금까지 축적해온 지식을 활용하는 방법을 익힌 후에야 비로소 명확한 목적의식을 가지고 영적 신념을 실생활에 적용할 수 있습니다. 현대의 교육 시스템은 영적인 관점을 무시하고 기술을 전수하는 데만 치중했기 때문에 실패했습니다. 반면 신비주의 단체와 운동은 실용성이 없는 영성에 빠지는 바람에 실패했습니다. 이 두 주체가 머리를 맞대고 협력하여 세상이 직면해 있는 문제들을 함께 해결하는 것이 좋을지도 모르겠다는 생각이 듭니다.

　진보적인 교회들은 신학보다는 사회적 메시지가 담긴 설교가 더 많은 신도를 불러모으고 대중의 관심을 유도할 수 있다는 사실을 발견했습니다. 지금 세상은 끊임없는 이론 논쟁에 휩싸여 있기에는 너무나도 심각한 상황에 빠져있습니다. 내가 전생에서 무슨 일을 하는 사람이었는지 알면 재미는 있겠지만, 그보다는 이번 생에서 내가 뭘 해야 하는지 아는 것이 더 중요하고 쓸모 있는 일입니다. 종교는 이론보다 실천이 훨씬 더 어렵습니다. 아늑한 장소에서 편한 마음으로 신도들끼리 모여 신의 속성을 논하는 것은 쉬운 일입니다. 하지만 세상에 직접 나가 진지한 마음으로 인류의 영적 성장에 이바지하기 위해서는 불굴의 의지, 침착하면서도 단호한 용기, 그리고 상당한 수준의 실용적 지혜가 요구됩니다. 독실하기만 한 양이 늑대의 무리 한가운데 멋모르고 들어가면 늑대들은 자기들이 신의 축복을 받았다고 여길 것입니다.

인간의 가슴과 영혼을 굳은 결의로 채워주지만, 자신과 주변 사람을 보호하는 능력을 계발하고 활용하는 데 도움이 되지 않는 교리는 위험한 교리입니다. 온 세상

영성 단체에서
활동하는
사람이
고통받는
이유는
무엇인가요?

이 나의 복음을 애타게 기다리고 있다는 착각에 빠지면 이 심각한 문제를 가볍게 치부하고 무시하게 됩니다. 현실의 벽에 부딪혀 머리가 깨질 때까지는 그 신념에서 벗어나지 못할 가능성이 큽니다. 오늘날 우리에게 절실한 것은 규모가 크고, 진지하고, 강력한 이상주의를 바탕으로 한 단체와 종파들이 힘을 합치는 것입니다. 각 종파의 교리를 뒤죽박죽 섞어서 고유성을 없애야 한다는 얘기가 아니라, 인류의 발전을 위해 필요한 각 분야의 진보적 인사들을 한곳에 모아 협력해야 한다는 뜻입니다. 실용적인 무언가를 성취할 수 있는 좋은 방법입니다. 신에 대한 사랑과 인간의 형제애를 중심으로 뭉친 단체라면 종파를 초월하여 협력할 수 있을 것입니다. 하지만 신의 은총으로 충만하다는 사람들이 이와 같은 실용적인 프로젝트에 도전하면 싸움만 하다 흐지부지 끝나는 일이 많습니다. 중립적인 제삼자의 관점에서는 이 단체들이 인류의 안전을 위해 노력하기보다는, 각자의 신념과 단체를 지키는 일에만 혈안이 되어있는 것으로 보입니다. 다른 종파와 협력해보자는 말을 꺼냈

다가 단체 내에서 신뢰를 잃거나 의심의 눈초리를 받는 사례도 다반사입니다.

 종교와 영성이 실용적인 문제에 직면하면 거의 항상 교착상태에 빠집니다. 독실한 신도는 다른 단체의 신도들과 협력하기 위해서는 자기가 속한 종파의 교리와 타협해야 한다는 심적 부담감을 느낍니다. 대부분 신도는 이런 상황에서 쉽게 결단을 내리지 못합니다. 다른 종파/단체의 사람들과 어울리면 나와 다른 영적 신념을 인정해야 하고, 인정까지는 아니더라도 최소한 존중은 해줘야 하기 때문입니다. 여태껏 세계의 종교가 교리를 중심으로 뭉쳤던 적은 한 번도 없었었습니다. 하지만 공공의 이익을 위해 노력해야 할 책임에 공감할 수만 있다면 교리에 관한 이견은 잠시 내려놓을 수도 있다고 생각합니다. 아쉽게도 '공공의 선'에 관한 해석도 종파마다 다릅니다. 차이점을 부각하기보다는 공동의 목표를 달성하는 것이 더 중요하다는 사실을 모두가 받아들이도록 설득하기 위해서는 헌신적인 마음뿐 아니라 뛰

영성 단체에서
활동하는
사람이
고통받는
이유는
무엇인가요?

어난 외교술도 필요합니다. 역시 실용적인 기술이 필요한 일입니다.

　종교적인 삶을 사는 사람들이 신념을 실용적인 능력으로 변환하는 일의 중요성을 깨달을 수 있다면 세상이 진보하는 것은 물론이고, 자기의 신념이 옳았다는 확신도 얻게 될 것입니다. 의료 선교단을 대표적인 예로 들 수 있습니다. 종교적 신념을 확장함으로써 쓸모 있는 일에 헌신한 가장 성공적인 사례가 아닐까 생각됩니다. 악조건에서도 인내심을 발휘하며 문명의 혜택을 받지 못하는 전 세계 오지의 마을에 의료, 위생, 청결 서비스를 제공한 의료진에게 수천여 공동체가 진심이 담긴 감사와 애정을 표하고 있습니다. 이처럼 이타적으로 봉사하는 의료 선교사는 이상주의를 추구하는 모든 종파와 단체에서 공통으로 발견할 수 있습니다. 의료 선교사는 자신의 영적 신념과 실용적으로 쓸모 있는 기술을 결합하고 조화시키는 방법을 터득한 사람입니다. 종교의 가르침을 통해 자기가 해야 할 일을 알게 되고, 자기에게 주어진 전문가적 소양을 실생활에 적용하고 실천함으로써 진정으로 종교적인 삶을 사는 사람입니다. 형이상학의 이상은 학교, 비즈니스, 상거래에서도 필요합니다. 하지만 말로만 형이상학을 외치는 사람이 아니라 이를 현실에 적용할 능력이 있는 사람이 주도해야 의미 있는 변화가 일어날 수 있습니다. 종교적, 영적 신념을 실행으로 옮기는 전문 능력 계발의 필요성에 공감할 수 있다면 형이상학적 소화불량과 종교적 질병에 시달리는 일도 큰 폭으로 줄어들 것입니다. 인간이 세상에서 해야 할 일에 관한 의지를 강화하지 않는 교리는 위험합니다. 행동하기 싫어하는 다수에게 말로 열심히 교리를 전파하는 것보다는 솔선수범으로 가르침을 보여줬을 때 교리도 의미를 지닐 수 있습니다.

3
'영적인 사람'이
언행일치를
실천하지 못하는
이유는 뭔가요?

우주의 심오하고 아름다운 원칙을 신봉한다고 말하면서 일상에서 이를 전혀 실천하지 않는 사람이 많은 이유는 무엇인가요?

인간의 행동 양식 중에서도 가장 이해하기 힘든 미스터리에 관해 질문해 주셨네요. 이 문제는 우리 세대뿐 아니라 선사시대의 원시인이 단단한 돌에 끌로 그림을 새기며 생각을 처음 표현한 이래 꾸준히 인류의 역사를 먹칠해왔습니다. 이 문제에 대한 해답을 얻기 위해서는 인간이라는 존재의 기본적인 성향과 기질을 분석해봐야 합니다. 우선 인간은 선천적인 결점을 안고 있다는 사실부터 인정해야 합니다. 인간의 행동 양식에서 비합리적으로 많은 것을 기대하지 않으면 사실에 근거한 현실을 파악하고 받아들일 수 있을 것입니다.

'영적인 사람'이
언행일치를
실천하지 못하는
이유는 뭔가요?

인간이 더 많이 알았더라면 더 낫게 행동했으리라는 주장은 어리석은 생각입니다. 인간은 오래전부터 올바른 행동규범을 진리로 인정하고 이론적으로 존중했습니다. 하지만 이를 실천하기 위한 에너지와 정직성은 부족했습니다. 이 현상을 사회적 관점에서 설명하는 것도 무리가 있습니다. 불평등한 소득의 분배, 문화를 누릴 특권의 부재 또는 열악한 근로 환경 때문에 인간이 부패하는 것이 아닙니다. 똑똑하고 교육을 많이 받은 계층일수록 올바르게 행동하지 않는 사람의 비중이 더 높습니다. 이기적인 사람이 공부를 많이 하면 자기에게 주어진 기회와 특권을 남용하는 기술과 잔머리가 늡니다. 우리의 인생 철학에 큰 오류가 있다고 지적하는 사람도 있습니다. 잘못된 사상과 개념에 길든 사람을 오히려 피해자라고 여기는 분위기도 있는데, 이건 나와 이웃의 비행을 눈감아주자는 얘기나 다름없습니다. 이런 식의 책임 회피는 아무런 의미가 없습니다. 비록 소수이지만, 남들과 똑같이 열악한 환경에서 성장하고 생활하면서도 영적으로, 도덕적으로 성숙해진 사람도 있습니다.

이 질문의 해답은 인간을 구성하는 두 속성인 정신적 측면과 감정적 측면의 공부를 통해 발견할 수 있습니다. 괴테가 명쾌하게 지적했듯이, 모든 인간의 가슴에는 두 개의 영혼이 공존하고 있습니다. 둘 중 하나는 천국에 이르고자 하고, 다른 하나는 동물적 본능을 충족하는 일에 중독되어 있습니다. 서먹서먹한 관계의 두 영혼이 한 지붕 아래에서 동거하고 있는 셈입니다. 이 두 영혼은 상대방의 생각에 공감하지도, 서로를 잘 이해하지도 못하며, 요람부터 무덤까지 거의 매 순간 티격태격하며 싸웁니다. 상반되는 두 마음 모두 숙주인 인간의 지능과 감정을 도구로 삼아 자기를 밖으로 드러내고 각자의 목표를 달성하려 합니다. 하지만 이 둘이 추구하는 목표는 근본적으로 다릅니다. 상위 영혼이 하위 영혼을 이해할 수 있을지는 몰라도, 하위 영혼이 상위 영혼을 이해할 수는 없습니다. 인간은 영적 존재이지만, 동시에 동물적 본능도 지니고 있습니다. 물질주

'영적인 사람'이
언행일치를
실천하지 못하는
이유는 뭔가요?

의자들이 육신을 가진 인간의 한계를 지나치게 강조했듯이, 이상주의자들은 인간의 영적 역량을 너무 과대평가한 것인지도 모르겠습니다.

인간은 삶에서 중요한 결정의 순간을 맞을 때마다 신념의 분열로 갈등합니다. 조용하고 차분한 목소리는 어떤 상황에서도 올바르게 행동해야 한다고 속삭이는데, 이보다 큰 목소리는 지금 나에게 이익이 되는 방향으로 행동해야 한다고 소리 지릅니다. 타이밍도 중요한 요소입니다. 인간은 본능적으로 현재의 순간에 나에게 닥친 일, 발등에 떨어진 불에 모든 관심을 집중합니다. 감정이 격해진 상황에서는 행동에 따른 결과에 생각이 미치지 않습니다. 내면의 압력에 거의 반사적으로 반응하고, 순간적인 행동으로 압력을 잠재운 후 나중에 대가를 치르는 경우가 허다합니다.

인간의 의식은 사색을 통해서만 과거와 미래에 의미를 부여할 수 있습니다. 현재의 시점에서 바라봤을 때

과거는 너무 멀게 느껴지고, 미래는 명확하게 보이지 않습니다. 그래서 항상 현재의 순간에 집중합니다. 하지만 '현재'에는 역사의식과 철학이 부재합니다. 정신과 감정이 현재에 모든 역량을 집중하면 옳고 그름에 관한 판단은 뒷전으로 밀려나고, 현재 순간의 나를 기분 좋게 해주는 방향으로 행동하려는 충동이 몰려옵니다. 그리고 내면의 압력이 해소된 후 "내가 그때 왜 그랬지?"라고 뉘우치면서 그 일에 관한 역사의식과 철학적 관점이 형성됩니다.

생각이 깊다고 자부하는 사람도 감정이 격해진 상황에서는 언행일치가 잘 안 됩니다. 자신에 대한 통제력을 상실하는 순간에는 윤리적, 도덕적 벽의 높이도 낮아집니다. 문명인의 긍지와 규범을 지켜야 한다는 의지가 약해지면서 야만인의 상태로 되돌아갑니다. 심각한 상태에 이른 정신 질환자는 대부분 도덕적 관념도 희박하다는 점이 흥미롭습니다. 의심, 질투, 부정직, 부도덕의 속성은 강해지고, 반대로 희망, 신념, 이상은 서서히

'영적인 사람'이
언행일치를
실천하지 못하는
이유는 뭔가요?

줄어듭니다. 이런 사례들을 통해 우리는 인간이 인간성을 상실하는 순간, 비인간적이고 비인도적인 충동의 노예가 된다는 사실을 배울 수 있습니다. 강력한 스트레스가 작용하는 상황에서 인격을 유지하기 위해서는 굉장한 의지와 확신이 필요합니다. 오로지 자기규율을 통해서만 의식의 기저에서 탈출할 틈을 노리고 있는 동물적 본능으로부터 나를 보호할 수 있습니다.

어떤 원칙을 설명할 때 사례를 곁들이면 이해가 쉽습니다. 대부분 인간은 내면의 압력에 취약한 하나 이상의 결점을 안고 살아갑니다. 자기연민이 약점인 사람도 있고, 허세가 심한 사람도 있고, 야망을 실현하지 못해 불만으로 가득한 사람도 있습니다. 이처럼 사람마다 민감한 포인트가 하나씩 있는데, 이를 자극하는 상황이 벌어지면 내면에서 폭발이 일어나 인격이고 뭐고 순식간에 다 사라질 수 있습니다. 이런 위기에서는 내면의 충동을 전혀 다스릴 수 없는 것처럼 느껴지며, 한 차례의 소용돌이가 지나간 후에 비로소 폭풍이 잠잠해집니다. 인간의 모든 비이성적인 행동은 내가 아직 통제하지 못하는 영역에서 나옵니다. 하지만 타인에게 "너의 내면에 있는 야만성을 아직 다스리지 못해서 문제가 생기는 것이다."라고 말하며 설득하기란 거의 불가능합니다. 아침마다 거울을 보면 엄연히 문명화된 인간의 모습이 보이는데, 내가 야만인처럼 행동하거나 인간답지 않은 모습을 보인다는 말을 듣고 좋아할 사람은 없습니다.

평소에는 차분하지만, 가끔 '정당한 분노'의 감정을 표출한다는 한 신사의 사례를 살펴봅시다. 그는 본인이 대체로 아주 사근사근한 사람인데, 몇 가지 사안에 관해서는 '예민하게' 반응하는 경향이 있다고 제게 설명했습니다. 조금 더 자세히 얘기해달라고 하자 그는 "나의 올바른 판단에 이의를 제기하는 사람을 참을 수 없다."라고 털어놨습니다. 다른 사람이 자기의 의견에 동조하지 않으면 화가 치민다는 것이었습니다. 평온한 성격의 소유자인 그는 이런 상황이 찾아올 때마다 상

> '영적인 사람'이
> 언행일치를
> 실천하지 못하는
> 이유는 뭔가요?

대에게 왜 자기 생각이 옳은지 차분한 어조로 설명해 줬습니다. 하지만 그토록 친절하게 설명했는데도 상대가 수긍하지 않으면 목소리가 커지면서 결국엔 싸움으로 번졌습니다. 그는 상담 내내 자기는 논쟁을 싫어한다고 강조했습니다. 논쟁이 아니라 어디까지나 '논의'를 했을 뿐인데, 말귀를 알아듣지 못하는 가엾은 상대가 항상 시비를 걸어온다는 것이었습니다. 이처럼 비합리적인 상황에서는 참을성이 강한 자기도 어쩔 수 이성을 잃고 불같이 화를 낼 수밖에 없다는 것이 그의 해명이었습니다.

논리적으로 대화를 시도해 보았지만, 그처럼 자기 확신이 강한 사람과 대화를 통해 얻을 수 있는 것은 많지 않았습니다. 그는 엄청나게 거대한 에고의 소유자였습니다. 자세히 들어보니 그의 '의견'이란 것은 그리 대단하지도 않았습니다. 본인에게서 나왔다는 것 외에는 별다른 의미가 없었습니다. 그의 지인들은 불필요한 논쟁에 말려드는 것이 싫어 그의 모든 말에 형식적으로 고개를 끄덕이며 동의를 표시했고, 그럴 때마다 그의 에고는 더욱 부풀어 올랐습니다. 하지만 가끔 그를 잘 알지 못하는 사람이나 보기 드물게 용감한 영혼이 그의 의견에 감히 토를 달면 즉시 갈등이 불거졌습니다. 자기가 실수했을 가능성조차 인정하지 않는 사람의 생각이 틀렸음을 입증하기란 불가능합니다. 제가 만났던 그 상냥하고 자기중심적인 신사의 시각에서 세상에는 두 부류의 인간밖에 없었습니다. 자기 생각에 동의하는 사람, 그리고 믿기지 않을 정도로 어리석은 사람. 어떤 분야에서든 새로운 지식을 습득하거나 시각을 넓히기 거부했던 그는 주변 사람들에게 별로 인기가 없었습니다. 이 결점만 빼고 다른 면에서는 썩 괜찮은 사람이었습니다. 그는 일부러 시간을 내어 철학 공부에도 많은 시간을 할애했습니다. 하지만 타인을 평가하고 판단할 때 수시로 동원하는 비판적 사고와 지혜를 자신에게도 똑같이 적용해야 한다는 생각은 한 번도 해본 적이 없었습니다.

'영적인 사람'이
언행일치를
실천하지 못하는
이유는 뭔가요?

    자기에게 닥친 불행에 집착하며 오랜 세월 무거운 감정의 짐을 짊어지고 살아온 고상한 여인도 있었습니다. 그녀는 태어난 후부터 갱년기가 찾아올 때까지 자기에게 있었던 안 좋은 일들을 몇 시간에 걸쳐 쉬지 않고 얘기할 수 있는 능력의 소유자였습니다. 그녀와 함께 있으면 어떤 식으로든 우울한 기분이 들게 됩니다. 그녀에게는 또 놀라운 일관성이 있었습니다. 같은 사람에게 같은 이야기를 백 번 넘게 하면서, 중간에 취하는 몸짓까지 똑같이 재현할 수 있었습니다. 그녀의 신세타령을 듣는 사람들은 그녀가 어느 대목에서 어떤 말을 할지 이미 알고 있었기 때문에 자기가 대신 문장을 마무리하고 싶은 충동을 참아내야만 했습니다. 베시는 인내심과 근면으로 자기연민의 기술을 완벽의 경지까지 올려놓은 여인이었습니다. 그녀는 타인의 불행은 안중에도 없고 오로지 자기 문제에만 매달리는 진정한 자기중심적인 사람이었습니다.

    베시는 자연스럽게, 필연적으로 우울한 사람으로 변

해갔습니다. 누군가 그녀의 상태에 대해 조심스럽게 언급만 해도 더욱 깊은 자기연민에 빠졌고, 자기를 이해하지 못하는 또 한 명의 사람을 만났다며 서러워했습니다. 그리고 그 일은 그녀가 고통받기 위해 세상에 태어났음을 입증하는 또 하나의 증거로 등록되어 신세타령의 레퍼토리에 편입되었습니다. 베시처럼 열심히 자기를 비하하면 반드시 그런 상태에 도달하게 되어있습니다. 사람들이 베시를 이해하지 못한 것이 아닙니다. 오히려 그녀의 성향을 정확하게 이해했기 때문에 거리를 두었던 것입니다. 조금 더 깊게 대화를 나눠본 결과, 베시는 보통 사람보다 훨씬 많은 특권, 기회, 혜택을 받은 삶을 살아왔다는 사실을 알게 되었습니다. 유복한 가정에서 태어나 자랐고, 최고 수준의 교육을 받았고, 성실하고 정직한 남자를 만나 결혼했고, 삶의 필수품뿐 아니라 사치까지 누렸습니다. 물질적으로 부족한 것 하나 없었고, 반세기 동안 공주 대접을 받으며 살았습니다. 하지만 그녀는 무수히 많았던 즐거운 경험은 외면하거나 쉽게 잊어버리고, 조금이라도 자기 마음에 안 드는

'영적인 사람'이
언행일치를
실천하지 못하는
이유는 뭔가요?

일에는 불굴의 의지로 집착하는 자기연민의 전문가였습니다. 그녀를 제일 잘 아는 사람들의 판단은 정확했습니다. 베시는 자기가 보통 사람들을 지도하는 권리를 가진 위대한 사람이라고 여기고 있는데, 리더 역할을 할 수 있는 자리에 오르기 위해 인내심을 발휘하며 노력한 적은 한 번도 없었습니다. 충족되지 못한 그녀의 우월 콤플렉스는 결국엔 거대한 자기연민으로 이어졌습니다.

레지는 아주 예민한 젊은이였습니다. 그의 특기는 결정적인 순간이 찾아올 때마다 기절하는 것이었습니다. 그는 자기에게 책임이 주어지는 일을 모면할 목적으로 이 기술을 익혔고, 영원한 아이가 되기 위한 경력을 꾸준히 쌓고 있었습니다. 그의 인생은 출발부터 좋지 않았습니다. 할머니와 독신녀 이모 두 명은 어릴 때부터 오냐오냐하면서 그를 응석받이로 키웠습니다. 가족은 어릴 때부터 그를 신동이라 불렀고, 귀에 못이 박이도록 그 말을 들으며 자란 레지는 자기가 진짜로 천재라고 믿기 시작했습니다. 문제는, 그는 천재가 아니었다는 사실입니다. 의지, 용기, 올바른 판단이 필요한 상황이 닥칠 때마다 그는 병을 칭하며 아픈 시늉을 했습니다. 그는 자기에 대한 주변의 기대가 너무 커서 괴롭다고 항변했지만, 막상 그를 아는 사람들은 그가 혼자 힘으로 뭐 하나 제대로 할 수 있는 사람이 아니라는 것을 잘 알고 있었습니다.

레지는 성인이 되어 분에 넘치는 참한 여인과 결혼했습니다. 그녀는 자기가 인내심을 발휘하고 지극정성으로 헌신하면 레지가 바뀔 것이라 믿었습니다. 긍정적인 마음에서 나온 따뜻한 생각이긴 하지만, 잘못된 판단이었습니다. 새로 꾸린 가정의 생계를 책임지게 된 레지는 자기에게 주어진 상황에 완전히 압도되었습니다. 직접 말로 표현하지는 않았지만, 능력에 맞는 직업은 도저히 견디지 못했고, 자기가 원하는 높은 직책을 얻기에는 능력이 턱없이 부족했습니다. 레지가 직장에 잘 붙어있도록 돕는 일은 만만치 않았습니다. 그의 아내는

'영적인 사람'이
언행일치를
실천하지 못하는
이유는 뭔가요?

수년간 곁에서 도우며 노력했지만 아무런 소득을 얻지 못했고, 급기야 차라리 다른 사람을 위해 헌신하는 것이 낫겠다는 결론을 내렸습니다. 레지는 자기에게 닥친 재앙으로 인해 자신감을 잃고 풀 죽은 모습으로 저를 찾아왔습니다. 그는 멍한 상태였습니다. 사실 평생을 멍한 상태로 살아왔다고 해도 과언이 아니었습니다. 그는 자기 곁을 떠나려 하는 사람이 있다는 사실에 충격을 받았다고 말했습니다. 자기처럼 좋은 의도를 가지고 열심히 노력하고 있는 사람을 떠나다니, 도저히 믿기지 않는다는 것이었습니다. 하지만 레지가 기울인 노력은 보잘것없었습니다.

공교롭게도 레지는 형이상학 공부에 매몰되어 있었습니다. 레지는 신은 자기 손으로 창조한 모든 생명이 영원히 나태하게 세월을 보내기를 바란다고 믿는 가정에서 자랐습니다. 형이상학과 영성 분야의 모든 격언을 달달 외운 레지는 자기보다 약간 못한 사람들의 존경을 받았습니다. 그는 형이상학의 전문가가 되면 과거에 잠겨 살 수 있을지도 모르겠다는 희한한 생각에 빠졌습니다. 성공학에 관한 책도 쓰고 싶다고 했습니다. 제발 인류가 레지로부터 보호되었으면 하는 바람인데, 저의 바람이 과연 이루어질지는 의문입니다. 레지 같은 사람의 생각이 영성계에서는 '계시'로 둔갑하는 경우가 많기 때문입니다.

어느 날 저를 찾아온 세지윅은 사회를 향한 적개심을 감추지 못하는 젊은이였습니다. 기상천외한 패션, 단정함과는 담을 쌓은 듯한 외모, 모든 것에 대해 못마땅해하며 의도적으로 시비를 거는 태도. 세지윅은 속세의 기준으로 봤을 때 매우 뛰어난 지능의 소유자였기 때문에 더더욱 안타까웠습니다. 그는 배운 것도 많고, 책도 광범위하게 읽고, 재능도 남다른 친구였습니다. 어쩌면 세상에 환멸을 느낀 자칭 자유주의자들의 위선적인 사상에 물든 것인지도 모르겠다는 생각이 들었습니다. 세지윅은 사회 문제에 관해 모르는 것이 없는 척척박사였습니다. 그는 인류와 인간 사회의 근본적인 문제

'영적인 사람'이
언행일치를
실천하지 못하는
이유는 뭔가요?

가 무엇인지 족집게같이 집어냈습니다. 하지만 자기의 문제가 무엇인지는 전혀 파악하지 못했습니다. 그는 세상에 불만을 품은 사람들의 대변인이었습니다. 사기와 부패가 난무하는 세상에 살면서 이에 굴하지도, 타협하지도 않는 소수가 있음을 보여주는 살아있는 증거였습니다. 다수의 호응을 얻지 못하는 사상을 대변하기 위해서는 강인한 성품이 필요합니다. 하지만 세지윅은 호전적인 면에서만 강했습니다. 그는 불만으로 가득한 사람이었지만, 그 불만은 자기에게서 나온 것이 아니라고 주장했습니다. 자기는 그저 목소리를 내지 못하고 핍박을 받는 다수의 약자를 대변할 뿐이라는 것이었습니다. 하지만 솔직히 말해 그는 자기의 삐뚤어진 성향을 아무렇게나 표출하고 있던 것이었습니다. 그는 불우한 이웃을 진심으로 동정하지 않았습니다. 약자를 대변한다는 명분을 내세워 사회에 적응하지 못하는 자신을 정당화하는 도구로 사용했을 뿐입니다.

계속 얘기하다 보니 성인으로서의 여러 가지 책임을

져야 하는 나이가 되면서부터 문제가 시작된 것 같았습니다. 그는 성격상 팀워크에 적응하지 못했습니다. 내면 깊은 곳의 세지웍은 전형적인 겁쟁이였습니다. 그의 나약함을 쉽게 간파한 주변 사람들은 그의 도덕적, 윤리적 우유부단을 용인하지 않았습니다. 세지웍도 한때는 자기의 약점이 무엇인지 잘 알고 있었습니다. 하지만 그건 아주 오래전의 일이었습니다. 그는 자신의 정신세계와 현실의 삶이 충돌하지 못하게 체계적으로 둘을 분리하며 약점을 감췄습니다. 치밀하고 계산적으로 허세를 부리면서 내면의 두려움을 덮었습니다. 의도적으로 타인이 자기를 조롱하도록 행동함으로써 자기를 학대했습니다. 사람들의 시선을 엉뚱한 방향으로 돌림으로써 인격상의 약점을 숨기는 기술도 터득했습니다. 그는 또한 타인을 공격하면서 쾌감을 느꼈습니다. 남을 괴롭히면 최소한 무시당할 일은 없었습니다. 그는 결국 매사에 문제를 일으키는 삶의 패턴에 익숙해지면서 속으로 만족해했습니다.

'영적인 사람'이
언행일치를
실천하지 못하는
이유는 뭔가요?

　　세지윅 같은 사람에게는 그래도 일말의 희망이 남아 있습니다. 그처럼 자기 계발의 여지가 있는 사람 중에는 정신을 차리고 삶을 바로잡는 사례도 더러 있습니다. 약자를 대변한다는 세지윅처럼 여기저기 힘겨운 싸움을 찾아다니다가 진짜로 의미 있는 일을 발견하고 이에 투신하게 될 수도 있습니다. 몸과 마음을 바쳐 헌신할 수 있는 일, 이기심을 버리고 나의 모든 것을 바칠 수 있을 정도로 강력한 동기를 부여하는 일을 아직 발견하지 못해 용기를 내지 못하는 사람이 많습니다. 세지윅에게는 장점도 많았습니다. 사회생활에 잘 적응하지 못한다는 단점만 빼면 기본적으로 선량하고 진보적인 사고의 소유자였습니다. 그는 표면적으로 강한 자기의 모습이 일종의 방어기제라는 사실을 깨닫지 못했습니다. 인간 사회의 큰 변화는 세지윅처럼 근본적으로 좋은 의도를 가진 사람에게 과거를 뉘우치고 자기를 변화하고 계발하는 기회를 종종 제공합니다. 세상을 상대로 전쟁을 치르겠다는 생각을 접고 원칙을 보호하기 위해 싸우겠다고 마음을 먹으면 세지윅은 세상에서 쓸모 있는 사람으로 변신할 수 있을 것입니다.

 다음은 우리가 깊게 생각해 볼 만한 슬픈 이야기를 제게 들려준 마틸다의 사례를 살펴보겠습니다. 그녀는 타인을 돕기 위해 삶의 전성기를 바친 사람이었습니다. 아주 힘들고 위험하기도 한 삶이죠. 마틸다는 진심으로 이타적인 마음으로 수십 년 동안 불우한 이웃들을 도왔습니다. 그녀가 진지한 마음으로 이 일에 임했다는 사실은 부정할 수 없었습니다. 누구나 감탄할 수밖에 없을 정도로 최선을 다했습니다. 하지만 그녀가 도왔던 사람들은 감사하기는커녕, 도리어 그녀에게 비합리적인 것들을 요구하며 적대감을 품었습니다. 마틸다는 남을 위해 이타적으로 행동하면 실망만 하게 된다는 생각을 서서히 굳혀가고 있었습니다. 마틸다가 경험한 것과 같은 사례가 생각보다 많습니다.

 그녀가 겪고 있는 문제의 근본적인 원인을 찾아내기 위해 셜록 홈스가 애용했던 것으로 유명한 귀납법과

'영적인 사람'이
언행일치를
실천하지 못하는
이유는 뭔가요?

연역법을 동원해야 했습니다. 제가 제시한 첫 번째 질문은 바로 이것이었습니다. "마틸다는 왜 이처럼 거대한 인도주의 프로젝트에 많은 시간과 노력을 투입하였나?" 기회가 생길 때마다 남을 돕고자 하는 사람은 많지만, 특별한 적성과 동기도 없는 이 여인이 자발적으로 자신의 모든 시간과 에너지를 투입하여 자기에게 의존하는 사람을 열심히 '수집'한 이유가 궁금했습니다. 제가 보기에는 그녀의 열정에 어떤 동기가 숨겨져 있는 것 같았습니다. 숨은 동기에서 나온 행동은 항상 좋지 않은 결과로 이어집니다.

마틸다는 외로운 사람이었습니다. 그녀의 삶은 그다지 충만하지 않았습니다. 그녀는 선을 행하기 위해서라기보다는 따분함을 달래기 위해 자선 사업에 뛰어들었습니다. 혼자 있는 것이 지겨워서 자신으로부터 도망치는 사람에게 타인의 삶을 올바르게 관리할 능력이 있을 가능성은 크지 않습니다. 관심을 가지고 할만한 일을 애타게 찾던 마틸다는 자기가 돕는 사람들의 삶 속에 너무 깊숙이 빠져버렸습니다. 남을 돕는 일을 열정적인 취미로 삼은 그녀는 그들의 개인사와 가정의 사적인 활동에도 참여하려 들었습니다. 그 결과, 도움을 받았던 사람들은 그녀에게 큰 빚을 졌다는 심리적 죄책감에 시달렸습니다. 그녀 앞에서 항상 조심하고, 빙판 위를 걷듯이 신중하게 행동했습니다. 마틸다에 대한 의무감은 서서히 원망하는 마음으로 바뀌었습니다. 어느새 마틸다는 그들의 삶을 방해하는 존재로 전락했고, 그들은 마지못해 억지로 마틸다의 선의에 보답했습니다. 그녀만의 잘못은 아닐지도 모릅니다. 채무자의 처지에 놓이면 누구나 내면의 부정적인 본능이 자극받아 수면 위로 떠 오릅니다. 시간이 흐르면서 나의 덕을 본 사람은 더 많은 것을 요구하기 시작합니다. 타인의 도움을 받으면서 점차 독립심을 상실하기 때문입니다. 자기 힘으로 문제를 해결하려는 생각도 하지 않고, 도움을 주는 사람의 관대함에 기대려고만 합니다. 응석받이로 자란 아이는 궁극적으로 자기를 나태하고, 게으르고, 나약한 인간으로 키운 부모를 원망하

'영적인 사람'이
언행일치를
실천하지 못하는
이유는 뭔가요?

게 되어있습니다.

　우정을 사려 했던 마틸다에게는 분별력도 부족했습니다. 도움은 자기 힘으로 일어서려고 노력하는 사람에게 주는 것이 바람직합니다. 마틸다는 자기가 지금까지 엉뚱한 사람들을 돕는 바람에 실망스러운 결과를 맞게 되었다는 사실을 알지 못했습니다. 혼자 힘으로 일어서려는 의지가 없는 사람일수록 그녀에게 매달렸고, 쓸모 있는 존재로 인정받고 싶었던 그녀는 이에 흡족해했습니다. 하지만 그녀는 왜 그들이 애초에 어려운 상황에 놓이게 되었는지에 대한 기본적인 질문을 한 번도 하지 않았습니다. 내면의 충동을 잠재우는 일에만 급급했던 그녀는 실용성을 망각했고 생각도 깊게 하지 않았습니다. 곤경에 빠져 괴로워하고 있는 사람의 대다수는 본인의 잘못으로 인해 그런 상황에 놓이게 된 것입니다. 자기 힘으로 문제의 원인을 해결할 수 있도록 돕지 않고 무작정 '구원'하려 들면 삶에 대한 그들의 비관적인 관점만 더욱 강화됩니다. 엄밀히 말해 마틸다는 자기가 돕던 사람들로부터 직접적인 피해를 받지는 않았습니다. 본인이 상식과 자선을 적절하게 결합하지 못하는 바람에 실망했을 뿐입니다. 그녀는 인도주의의 전사라는 어려운 책무를 자청하기 전에 내면의 충동을 점검하고 본인의 인격부터 계발해야 했습니다. 누군가에게 필요한 존재가 되고 인생의 목표를 찾고 싶다는 이기적인 욕망이 어우러진 그녀의 숨은 동기는 오히려 역효과를 발휘하면서 끝없는 슬픔과 어려움을 유발하는 결과로 이어졌습니다.

사람을 돕는 것보다는 원칙을 위해 봉사하는 것이 훨씬 더 효과적입니다. 하지만 추상적인 개념인 원칙을 직접적인 방식으로 섬기기는 어려우므로, 현실적으로는 원칙을 실천하고 섬기는 사람을 돕는 것이 가장 실용적입니다. 모든 인간의 내면에 잠재된 강인함을 밖으로 끄집어낼 수 있도록 돕는 것입니다. 부처가 불교의 공덕 체계를 설명하면서 이 개념을 아주 잘 요약했습니다. "사람이 자기 자신을 도울 수 있도록 돕는

'영적인 사람'이
언행일치를
실천하지 못하는
이유는 뭔가요?

사람은 공덕을 쌓고, 많은 사람을 돕고 있는 사람을 도우면 더 큰 공덕을 쌓는다." 사람을 도울 때 상대방에게 집착하지 않는 것도 중요합니다. 도운 것에 대한 보상을 기대하지도, 필요로 하지도, 요구하지도 않으면 상대방은 자발적으로 감사를 표시합니다. 하지만 보상을 기대하고 요구하면 나의 그런 마음이 무의식적으로 전해져 상대방의 자연스럽고 자발적인 감사 표시를 차단해버리는 결과를 낳을 수도 있습니다. 선행은 그 자체로서 의미가 있는 것입니다. 뭔가를 바라고 하는 선행은 진짜 선행이 아닙니다. 물질적 보상이 아니라 단지 개인적인 만족감을 바라는 것이라고 해도 마찬가지입니다.

안토니오는 아주 감성적인 젊은이였습니다. 그는 자기가 위대한 음악가가 될 운명을 지니고 태어났다고 믿었습니다. 그는 음악교육을 받기 위해 많은 개인적 희생을 감수했습니다. 하지만 특유의 기질 때문인지, 그의 실력은 평균 이상을 넘어서지 못했습니다. 예술 분야에서 '평균'이라는 수식어가 붙으면 위대한 거장이 되는 꿈은 사실상 접는 것이 좋습니다. 그에게는 최고에 이를 수 있는 선천적 영감이 부족했습니다. 삶을 두루 체험하고 인생의 쓴맛도 좀 봤더라면 고난의 순간에 예술적 영감의 불꽃을 얻었을지도 모르지만, 그는 고생의 가능성이 있는 일은 다 피해 다녔습니다. 깊이가 없는 삶에서는 내면이 풍족하게 채워질 수 없습니다. 위대한 음악가는 내면의 풍부함이 밖으로 터져 나왔을 때 탄생하는 것입니다. 안토니오는 자기 나름대로 열심히 노력했지만, 내면을 채우는 일에는 실패했습니다. 그 결과 그는 음악계에서 큰 두각을 나타내지 못했고, 생계조차 간신히 유지하는 나날을 보내고 있었습니다. 하지만 그는 포기하지 않고 계속 성공하기 위해 애썼습니다.

안토니오가 본인이 생각하는 만큼 진짜로 지혜로운 사람이었더라면 솔직하게 자기를 평가하고 장기적인 자기 계발 프로그램을 통해 역량을 키우는 것으로 만족할 수 있었을 것입니다. 하지만 자기를 몰랐던 그는 왜

'영적인 사람'이
언행일치를
실천하지 못하는
이유는 뭔가요?

성공이 자꾸만 자기를 피해가는지 이해하지 못했습니다. 그는 스토코프스키나 토스카니니 같은 거장들은 단지 자기보다 운이 좋았을 뿐이라고 믿었습니다. 한동안 사회 문제에 대해 고민했던 안토니오는 정치적 격변을 통해 사회가 뒤집혀야만 자기처럼 능력 있는 사람에게 공정한 기회가 주어질 수 있다는 이상한 결론을 내렸습니다. 하지만 이처럼 비현실적인 꿈이 실현되지 않자 그는 좌절감과 상처 입은 에고의 증상을 드러내기 시작했습니다. 그는 자신의 인격이 부정적인 방향으로 흘러가고 있다는 사실을 눈치채지 못했고, 결국 질투의 포로가 되었습니다. 그는 유명한 예술가들에 대한 신랄한 비판을 아끼지 않았고, 속으로는 그들의 성공을 시기했습니다. 그들은 위대하고 자기는 평범하다는 사실을 인정하지 못한 그는 파국을 향해 치닫고 있었습니다. 내면의 불만과 압력이 쌓여가면서 그는 오래전에 이승을 떠난 영웅들에게 의지하기 시작했습니다.

안토니오는 가난에 허덕였던 프란츠 슈베르트, 정치

적 핍박을 받았던 리하르트 바그너, 정신신경증 증상에 시달렸던 쇼팽을 떠올리면서 위안을 얻었습니다. 그는 진정으로 위대한 예술가는 생전에는 인정받지 못한다는 결론을 내렸습니다. 자기도 역사상 최고의 마스터들처럼 불행한 삶을 살고 있다는 공통점에 집착하면서, 자기와 마스터들의 실력은 아예 비교 불가라는 냉엄한 현실은 보지 못했습니다. 자연은 모든 인간에게 똑같은 능력을 선사한다고 믿었던 그는 문제의 근본적인 원인을 무시했습니다.

안토니오가 현재의 수렁에서 벗어나기 위해서는 일단 현실을 직시하고 자신의 실력을 객관적으로 인정해야 합니다. 최고는 아니더라도 쓸만한 연주가가 될 수 있고, 음악성에 사업성을 결합하면 정기적이고 안정적인 소득도 창출할 수 있을 것입니다. 하지만 화려한 명성에 대한 환상과 만성적인 불만은 그의 생계유지 능력에도 큰 영향을 주었고, 마침내 그는 삶의 모든 면에서 적응하지 못하는 상태로 전락하고 말았습니다. 안토니

'영적인 사람'이
언행일치를
실천하지 못하는
이유는 뭔가요?

오는 항상 조바심을 내고, 불만으로 가득하고, 호전적이고, 비판적이고, 질투를 일삼는 본인의 성격을 '예술가적 기질'이라는 말 한마디로 가볍게 무시해버렸습니다. 함께 일하는 동료들도 그를 견뎌내지 못했고, 그에게 여러 가지 도움을 줄 수 있는 위치에 있던 사람들도 점차 그의 곁을 떠났습니다. 그는 위대한 예술을 탄생시키기 위해 고통받는 예술가가 아니었습니다. 예술 때문에 불행해진 것도 아니었습니다. 순교자도 아니었습니다. 자기의 실수를 통해 아무것도 배우지 못하고 고통스러워하는 삶에 익숙해진 어리석은 인간이었습니다. 안토니오는 종교적인 사람이었지만, 삶에 잘 적응하고 자기를 계발하기보다는 자신의 삐뚤어진 기질을 달래고 변명하기 위한 목적으로 영적 신념을 활용했습니다. 그는 어떤 종교적 가르침도 자기가 왜 독재자 같은 우주의 피해자가 될 수밖에 없었는지를 설명하는 용도로 왜곡하는 탁월한 재주를 갖고 있었습니다.

캐서린은 매우 종교적인 집안에서 태어나 성장했습

니다. 심지어 어릴 때부터 환생과 카르마의 교리를 배우고 익혔을 정도입니다. 그녀는 10대가 될 무렵에 이미 신비주의에 관한 폭넓은 지식을 보유했으며, 우주 창조론과 신지학의 미스터리까지 정복했습니다. 사람들은 그녀를 신동이라 불렀습니다. 그냥 평범한 신동이 아니라, 전 세계가 깨달은 자들로 구성된 하나의 거대한 공동체로 통합되는 황금시대를 불러오고 이끌게 될 고차원의 영혼으로 여겼습니다. 캐서린의 성장 배경에서 흠이라 할만한 것은 딱 하나, 부모의 사이가 좋지 않았다는 점이었습니다. 그녀의 가정은 전쟁터를 방불케 했습니다. 부모로부터 아름다운 가르침은 많이 받았지만, 막상 그들은 이기적이고, 자기중심적이고, 서로를 눈곱만큼도 배려하지 않았습니다.

끝이 보이지 않는 가족 내의 갈등에 지친 캐서린은 평화를 찾아 젊은 나이에 집을 나왔습니다. 그리고 부모 사이를 갈라놓고 그녀에게 불행을 안겨주었다고 생각한 종교적 신념까지 모두 한꺼번에 내다 버렸습니다.

'영적인 사람'이
언행일치를
실천하지 못하는
이유는 뭔가요?

종교적 집안에서 불거진 갈등에 대한 반작용으로 무신론자가 되어버린 것입니다. 그녀는 신은 물론이고 인간에 대해서도 환멸을 느끼기 시작했습니다. 혼자서 우울해지는 것을 즐기는 사람은 없습니다. 그래서 그녀는 동료들의 믿음과 신앙을 깎아내리고, 조롱하고, 규탄하는 작업에 착수했습니다. 그녀 딴에는 그들이 자기와 같은 불행에 빠지지 않도록 도와야 한다는 사명감에서 비롯된 행동이었습니다. 하지만 캐서린은 냉소주의는 슬픔을 불러올 뿐이라는 사실을 알지 못했습니다. 그녀는 두 차례의 불행한 결혼을 거치면서 아들을 하나 얻었습니다. 캐서린이 분위기 안 좋은 가정에서 자라며 고통을 받았듯이, 그녀의 아들 역시 불안정한 감정을 주체하지 못하는 엄마의 영향을 받으며 우울하게 성장했습니다. 거의 무일푼의 상태로 저를 찾아온 캐서린은 불우한 성장환경 때문에 인생을 망쳤다고 확신하고 있었습니다.

남의 삶을 대신 살아주는 것은 불가능합니다. 제가

할 수 있는 일이라곤 그저 그녀가 잘못 생각하고 있는 부분, 또는 상황 개선에 아무런 도움이 되지 않는 신념을 지적하고 그 이유를 설명해 주는 것뿐이었습니다. 집을 나올 당시 그녀가 비현실적이고, 왜곡되고, 뒤틀린 가르침에 진절머리가 나 있던 것은 충분히 수긍할 수 있습니다. 사실 그녀의 상황이 아주 독특하다고 할 수는 없습니다. 가정에서 배운 종교적 가르침과 부모의 행동이 일치하지 않는 모순을 보며 성장하는 사람은 아주 많습니다. 젊은이들은 대체로 극단적으로 생각하고 행동하는 경향이 있지만, 대부분 나이가 들고 성숙해지면서 조금씩 정신을 다스리는 법을 배웁니다. 캐서린은 사상과 사람을 분별하지 못했습니다. 사람이 좋은 원칙을 실천하지 못한다고 해서 원칙까지 함께 욕하면 안 됩니다. 그녀 역시 부모처럼 많은 실수를 저질렀지만, 자기가 남에게 부정적인 영향을 주고 있다는 사실은 인정하려 하지 않았습니다. 상대를 이해하기보다는 탓하는 데만 집착했습니다. 그녀는 신도, 법칙도 존재하지 않는 무신론의 세상에서 행복해지기 위해 수년간 안간

'영적인 사람'이
언행일치를
실천하지 못하는
이유는 뭔가요?

힘을 쓰다가 신앙심을 되찾아야만 하는 벼랑 끝까지 내몰렸습니다. 사회가 요구하는 모든 시험을 견뎌낼 수 있는 유일한 신앙은 원칙에 대한 믿음이라는 제 이야기가 그녀에게 약간의 도움이 되었는지 모르겠습니다. 누구나 살다 보면 원칙을 저버리는 일이 생길 수 있지만, 그렇다고 해서 원칙 자체에 흠집이 생기는 것은 아닙니다. 캐서린의 실수는 원칙을 위반하는 사람들을 보며 그 안에 담긴 가르침까지 버린 것이었습니다. 캐서린이 신념을 회복하고 깨어있는 삶을 시도한다면 진짜로 중요한 삶의 가치를 존중하게 되는 것은 물론이고, 자기의 능력을 초월하는 삶을 살기 위해 애쓰다가 넘어지는 사람들에 대한 연민의 정도 생길 것입니다.

캐서린은 아름답고 고귀한 이상을 삶에서 실천하려 노력해도 매번 성공할 수는 없다는 불편한 현실을 어려운 방법으로 터득하게 될 것입니다. 신념을 왜 실천으로 옮기지 않느냐는 주변 사람들의 말을 듣고 화를 낼 가능성도 있습니다. 어쩌면 그 순간에 "선을 행하려 할 때마다 악이 고개를 쳐든다."[6]라고 탄식했던 사도 바울의 심정을 비로소 이해하게 될지도 모릅니다. 캐서린의 부모가 잘못한 것은, 준비가 되지 않은 상태로 신성에 이르기 위해 노력하는 과정에서 인간성을 망각했다는 것입니다. 인간이라면 누구든 저지를 수 있는 실수입니다. 하지만 캐서린은 일이 풀리지 않을 때마다 부모에 대한 원한을 키웠습니다. 자기에게 일어난 안 좋은 일의 원인을 불우한 성장환경의 탓으로 돌리는 것이 지극히 합리적이라고 여겨졌습니다. 억울한 심정을 다스리려 노력하는 대신 보듬고 키우다가 결국엔 강박감이 되어버렸습니다. 그 결과 우스꽝스럽다고 할 수 있는 정도의 상황이 대재앙과 같은 규모의 위기로 확대되었고, 그 굴레에서 끝내 헤어나오지 못했습니다. 수십 년 전에 그녀에게 닥쳤던 그 일은 이미 영향력을 잃었습니다. 오래전에 일어났던 일에 잘못 대처하고 고집을 피우며 고치지 않았기 때문에 지금까지 고통이 이어졌던 것입니다.

'영적인 사람'이
언행일치를
실천하지 못하는
이유는 뭔가요?

성인이 된 캐서린은 자기에게 맞는 종교를 선택하고, 양심에 따라 그 종교의 가르침을 실천하고, 희망을 품은 상태에서 미래를 맞이할 수 있습니다. 이런 방향으로 삶을 전환하지 않는 것은 이기적인 자세입니다. 계속 과거에만 집착하며 사는 것은 자기도 부모처럼 어리석은 사람이 되고, 자식도 불행하게 만들겠다는 뜻입니다. 지금까지 소중한 시간과 에너지를 얼마나 많이 낭비했는지 문득 깨닫는 순간, 캐서린은 아마 큰 충격을 받을 것입니다. 물론 스스로 만족할 수 있는 설명을 찾아내겠죠. 하지만 아무리 정당화해도 소용없습니다. 얼마나 빨리 생각을 고쳐먹고 앞으로 잘하느냐가 관건입니다. 그녀는 아직 비교적 젊고 여러 면에서 매력적인 여인입니다. 자기에 관한 생각에 매몰되어 있지 않은 동안에는 정신상태도 멀쩡하고 지능도 뛰어납니다. 부모에게 복수하기 위해 심리적으로 자기를 학대하는 행위는 이제 중단해야 합니다. 두 분 다 고인이 되신 지 벌써 몇 년이 지났는데, 엄마와 아빠 때문에 내가 이렇게 되었다고 고집을 피우고 정당화하는 것이 다 무슨 소용이겠습니까?

  12살 소년 바비의 사례도 떠오릅니다. 바비는 의자에 앉아있으면서도 어쩔 줄을 모르고 불안해하며 계속 몸을 꼼지락댔습니다. 몇 분도 채 되지 않아 사무실 전체를 휘젓고 다니는 바람에 저는 어쩔 수 없이 정신없는 상태에서 상담을 진행해야만 했습니다. 바비의 얼굴에는 인생 다 산 노인에게서나 볼 수 있는 감정의 피로가 덕지덕지 묻어 있었습니다. 어린 나이에 벌써 세상만사가 다 귀찮은지, 공허한 표정으로 먼 산만 바라보는 아이였습니다. 그것만 빼고는 아주 귀여운 소년이었습니다. 파탄 난 가정에서 태어난 바비는 할머니 손에 자랐습니다. 할머니는 아주 점잖고 선한 분이었지만, 손자의 까다롭고 어려운 기질을 어떻게 다뤄야 할지 몰라 고생하고 있었습니다. 심도 있는 대화를 나눠본 결과, 이 집은 바비 때문에 가정이 깨진 아주 독특한 사례였습니다. 바비는 아기 때부터 몸이 약했고, 부모는 그가 태어난 후부터 병원비를 대느라 줄곧 빚에 허덕였습니

'영적인 사람'이
언행일치를
실천하지 못하는
이유는 뭔가요?

다. 바비는 시무룩하고, 매사에 비판적이고, 어른들의 애정 표현에 전혀 반응하지 않는 성향을 지니고 있었습니다. 여러 전문가가 다양한 진단을 내렸지만, 그의 상황을 개선하는 실용적인 프로그램을 제시한 사람은 없었습니다.

저는 가정이 깨진 지 얼마 되지 않은 시점에 할머니와 바비를 만났습니다. 그래서 이 문제의 직접적인 당사자들과 얘기를 해보는 것이 좋겠다는 생각이 들었습니다. 바비의 가족은 모두 심각한 신경쇠약의 상태에 빠져있었습니다. 모두 몇 년 동안 잠 한숨 제대로 자 본 적이 없고, 날이 갈수록 무거워지는 스트레스의 무게를 이기지 못해 주저앉은 상황이었습니다. 바비의 아버지와 어머니 둘 다 재혼이나 새로운 인연을 찾는 일에는 관심이 없었습니다. 불륜 때문에 두 사람이 틀어진 것도 아니었습니다. 자기로 인해 가정이 붕괴하는 모습을 보면서도 바비는 전혀 개의치 않았고, 부모의 곁을 떠나 여러 친척 집을 전전하면서 임시로 얹혀사는 것에 대해서도 일체의 거부감을 느끼지 않고 만족스러워했습니다. 저는 처음에 바비의 지능이 조금 떨어지는 것이 아닐까 하는 생각을 했습니다. 하지만 섣불리 결론을 내리기 전에 조금 더 깊게 알아보는 것이 좋겠다고 판단했습니다. 세상 모든 일에는 이유가 있고, 바비가 이렇게 행동하는 것의 배경에도 구체적인 이유가 분명히 있으리라는 생각이 들었습니다.

바비가 외아들이라는 사실을 원인으로 지목하는 의견이 있었습니다. 딱히 중요한 단서는 아니지만, 그래도 탐구는 해 볼만하다는 생각에 그 방면으로 접근해 봤습니다. 아기 때부터 여러 가지 질병을 안고 살았던 바비는 가족 모두가 자기 때문에 많이 걱정하고 있다는 사실을 일찌감치 눈치챘습니다. 아이가 무대 중앙에 서서 한 몸에 관심을 받는 것은 바람직하지 않습니다. 프리마돈나가 되기에 십상입니다. 두 번째 단서가 첫 번째 단서를 뒷받침했습니다. 부모는 바비가 실수하거나 잘못을 저질러도 너무 예민한 아이라는 이유를 들며 혼

'영적인 사람'이
언행일치를
실천하지 못하는
이유는 뭔가요?

내지 않았고, 바비는 부모의 이런 심리를 역이용했습니다. 신경과민 증상을 연기하며 소심하게 행동하면 부모의 책망과 질책으로부터 자기를 보호할 뿐 아니라 뭐든지 자기 멋대로 할 수 있다는 것을 터득한 것입니다. 대부분의 작은 아이는 독재자의 기질을 가지고 있으며, 어른을 마음대로 조종할 수 있다는 사실을 알게 되면 속으로 기뻐합니다. 아들 문제로 고민이 많았던 부모는 저명하고 나이 많은 총각 전문가들이 어린 자녀를 올바르게 키우는 법을 주제로 쓴 심리학 서적을 다수 섭렵했고, 책의 조언대로 바비의 리비도에 상처를 주지 않기 위해 특별히 주의했습니다. 그 결과 그들은 바비에게 필요 이상으로 관대했고, 부모가 가져야 할 책임감에 대해 지나치게 신경을 썼습니다.

바비는 자기가 저지른 잘못의 대가가 슬금슬금 엄습해 올 때까지 문제아 역할을 연기하며 즐겁게 생활했습니다. 부모는 계속 눈치를 보며 그의 예민한 성격을 보듬어줬고, 그럴 때마다 바비는 실제로 더욱 예민한 아이로 변해갔습니다. 처음에는 일종의 게임으로 시작했는데, 결국 그 게임의 노예가 되었던 것입니다. 아이 문제 때문에 갈수록 좌절한 부모는 결국 자포자기의 상태에 이르렀고, 정상적인 가정환경도 서서히 무너졌습니다. 생활환경이 붕괴하면서 바비의 상태도 나빠지는 악순환이 시작되었습니다. 그대로 뒀다가는 정신병원 신세를 면하기 어려운 상황이었습니다. 아이가 12살이 되기도 전에 성격이 크게 바뀌는 것은 아주 심각한 문제입니다. 안 좋은 일들이 톱니바퀴처럼 물고 물리면서 바비는 거의 구제 불능 수준의 문제아로 변해갔습니다. 가족도 할 수 있는 범위 내에서 최선을 다했습니다. 누구에게도 손가락질할 수 없는 상황이었습니다. 바비는 어린 소년답게 행동했을 뿐이고, 아픈 아들이 안쓰러워서 조건 없는 사랑을 쏟아부었던 부모를 탓할 수도 없는 노릇이었습니다. 인간관계에서 간혹 볼 수 있는 총체적으로 복잡한 사례였습니다.

고민과 자기검열의 시기는 이미 지난 상황이었습니

다. 바비에게는 그를 올바른 길로 이끌 수 있는 강력한 지도력이 절실하게 필요했지만, 당시 그의 부모는 신경쇠약으로 인해 지칠 대로 지친 상태였습니다. 저는 그들이 부모의 책임을 잘못 이해해서 신경쇠약에 걸리게 된 것 같다고 설명해줬습니다. 바비는 현실 세상에서 탈출하여 상상 속에서 만들어낸 판타지의 세계로 빠져들면서 자기가 비정상적이라는 확신을 굳혀가고 있었습니다. 아무리 12살 소년이라 해도 이건 건설적인 행동이 아닙니다. 될 수 있는 대로 빨리 방향을 전환하는 것만이 유일한 희망이었습니다. 물론 실패할 가능성도 있었지만, 그 방법 외에는 성공을 기대하기 어려운 상황이었습니다.

저는 일단 바비의 부모가 다시 합쳐 가정부터 바로잡을 것을 권했습니다. 바비는 당분간 할머니에게 최소한 3개월 이상 맡겨 두고, 그동안은 자식 문제를 잊은 채 둘이서만 시간을 보낼 것을 주문했습니다. 그리고 정해 놓은 기간이 지난 후 바비를 집으로 데려오되, 그 후에도 자식 문제에 일체 신경 쓰지 말고 일상에 임하라고 권고했습니다. 바비도 이제 12살이니 가정에서 이에 걸맞은 역할을 해야 합니다. 저는 바비가 집안에서 해야 할 일을 만들어내 꾸준히 시키라고 당부했습니다. 그리고 바비가 가족을 즐겁게 해준 만큼 가족도 바비를 즐겁게 해준다는 원칙을 이해할 수 있도록 행동하라고 했습니다. 진짜로 아플 때만 병원에 데려가고, 바비에게 '예민하다,' '연약하다'라는 수식어를 붙이지 말고, 옛일을 아쉬워하는 언행도 삼가라고 했습니다. 그래도 바뀌지 않고 계속 작은 독재자처럼 행동하면, 아버지가 조용한 곳으로 데려가서 점잖지만 확실한 어조로 인생에 관한 참교육을 시켜야 한다고 얘기해 줬습니다. 당분간은 학교에도 보내지 말라고 했습니다. 자기랑 비슷한 처지에 있는 비행 청소년들과 어울려 다니면서 금세 또 과거의 행태로 돌아갈 수 있기 때문입니다. 바비는 보통 아이들과는 다르다는 생각을 버리고, 그가 나이에 맞게 행동하면 이에 상응하는 보상을 내리라고 얘기했습니다. 이 지침을 충실하게 따르면 바비는 한동안 인생의 쓴맛을 보

> '영적인 사람'이 언행일치를 실천하지 못하는 이유는 뭔가요?

게 될 것입니다. 하지만 지금 바로잡지 않으면 본인은 물론이고, 평생 주변 사람들에게 피해를 주며 인생을 낭비하게 될 가능성이 큽니다. 지금 상태의 바비를 사회에 내보내는 것은 미래 세대에게 굴레를 씌우는 것과 같습니다. 누구에게도 그럴 권리는 없습니다.

워낙 절박한 상황이었는지라 바비의 가족은 저의 극단적인 제안을 실행으로 옮기는 데 동의했습니다. 한동안 바비는 변화를 보이지 않았습니다. 여전히 머릿속에서 만들어놓은 세상에 갇혀서 하루하루를 소비했습니다. 하지만 집안의 분위기가 바뀌었다는 사실을 점차 감지하고 약간의 호기심을 나타내기 시작했습니다. 아빠가 처음으로 바비를 차고로 데려가서 아들과 '진지한 대화'를 나눴던 날은 아주 가관이었습니다. 바비는 세상의 종말이라도 왔다는 듯이 격하게 반응했습니다. 비명을 지르고, 실신하고, 중증 히스테리 환자의 전형적인 증상을 보였습니다. 그런데 이것도 긍정적인 방향의 발전이었습니다. 그 순간만큼은 집중력을 발휘하며 아이가 아닌 어른처럼 외향적인 성향을 발산했기 때문입니다. 바비의 부모는 그날 신경쇠약이 다시 도질 뻔했지만 굳은 신념으로 꿋꿋이 버텨냈습니다. 그 일 이후 바비는 놀라울 정도로 빠르게 발전하는 모습을 보이며 자기를 다스리기 시작했습니다. 물론 모든 당사자의 혼을 빼는 일도 몇 차례 더 있는 롤러코스터 여정이었지만, 부모도 상황의 압박이 가벼워지는 것을 느끼며 안도의 한숨을 내쉬었습니다. 현재는 이 문제가 50% 정도 해소된 상태입니다. 바비의 가족 중 누군가가 중요한 시점에 포기하는 사태가 발생하지 않는 한, 앞으로도 꾸준히 발전이 이어질 것 같습니다. 극약처방이긴 했지만, 조치하지 않고 몇 년 더 지났더라면 바비는 사회의 큰 짐이 되는 인간으로 전락했을 가능성이 큽니다. 하지만 지금은 상태가 많이 좋아져 다음 학기에는 고교 농구부에서 활동할 예정이라고 합니다. 바비는 어떤 조직이나 모임에서든, 나부터 유쾌한 사람이 되어야 성인으로 자라나는 과정을 즐거운 마음으로 체험할 수 있다는 사실을 온몸으로 배우는 중입니다.

'영적인 사람'이
언행일치를
실천하지 못하는
이유는 뭔가요?

이 시점에서 제가 특정 인물을 지목하여 사례를 든 것은 아니라는 점을 독자들에게 다시 강조하고 싶습니다. 저희가 《호라이즌》 구독자에게 원한이 있는 것도 아니고, 구독자의 사생활을 뒷조사한 것도 아닙니다. 제가 특정인을 겨냥해 모욕적인 글을 썼다고 항의하는 독자도 가끔 있습니다. 제가 쓴 글이 혹시 내 얘기라는 생각이 든다면 다시 한번 자세히 읽어보고 깊게 생각해 볼 것을 권하고 싶습니다. 제가 지금까지 접한 많은 사례를 뒤섞고 결합한 것이기 때문에 특정인을 구체적으로 지칭할 가능성은 없습니다. 게다가 제가 언급한 사례들은 독특한 것이 아닙니다. 인간의 기본적인 본성에 관한 이야기입니다. 사례 중 나에게 해당하는 것이 있다면 내가 현재 겪고 있는 문제의 해결에 도움이 되는지 생각해 보고 적용하면 됩니다. 정도의 차이는 있지만, 대부분 사람은 부정적인 생각과 행동을 바꾸지 않고 지속시키려는 성향을 어느 정도 가지고 있습니다. 이런 습관이 행복을 가로막습니다. 이 사실을 염두에 두고 나에게 필요한 것이 무엇인지 점검해보시기 바랍니다.

내면이 혼란스러운 상태에서는 머리로 습득하거나 감정으로 받아들인 철학 또는 종교의 가르침을 삶에 올바르게 적용하기 어렵습니다. 세상에서 가장 고귀한 가르침도 비이성적인 해석과 비합리적인 실천으로 순식간에 왜곡시켜버립니다. 노력해서 생각을 고쳐먹을 수는 있지만, 그 이후에도 습관의 힘과 계속 싸워야 합니다. 오랜 시간에 걸쳐 몸에 밴 나쁜 습관은 살아남기 위해 몸부림을 칩니다. 좋은 철학을 발견하고 앞으로 실천하겠다고 마음먹으면 어떤 식으로든 그 철학을 비비고 꼬아서 '지금 이대로가 좋다. 바꿀 필요 없다.'라는 식으로 자기를 합리화하려 합니다.

주변 사람들의 말과 행동이 다르고 자신의 신념을 지키며 살고 있지 않다는 생각이 든다면, 일부만 보고 전체를 판단해서는 안 된다는 점을 상기하시기 바랍니다. 대다수 사람은 자기의 신념에 따라 살고 보다 나은 사람이 되기 위해 노력하고 있습니다. 하지만 제삼자가 보기에는 변화가 더디게 느껴질 수 있습니다. 아름다

'영적인 사람'이
언행일치를
실천하지 못하는
이유는 뭔가요?

운 이상을 실천으로 옮겨도 별다른 변화가 일어나지 않는 것처럼 보일 수도 있습니다. 그럴 때마다 김이 빠지고 아쉬움도 남겠지만, 원하는 대로 모든 일이 술술 풀리지 않았다고 해서 좋은 것을 부정하면 안 됩니다. 신문을 읽으면 세상은 미친 사람들로만 가득한 것 같다는 생각이 들 수 있습니다. 하지만 인류의 95%는 선량하고 진지한 사람들입니다. 올바르게 사는 사람들에 관한 소식은 대중매체를 통해 접하기 어렵습니다. 우리가 일상에서 만나는 사람들도 유별나게 뛰어나고 위대한 업적을 성취한 사람이 아닌 한, 열심히 사는 사람이라는 인상을 받기 어려울 수 있습니다. 반면에 우리에게 불쾌감을 줬던 사람은 쉽게 잊히지 않습니다. 그가 나에게 했던 짓은 내 머릿속에 영구적으로 기록됩니다. 사람은 자기가 예상했거나 기대했던 것을 더 잘 인지하고 오래 기억합니다. 세상 사람 대부분이 못됐다는 확신을 하고 있으면 사람을 만날 때마다 그의 단점을 밝혀내기 위해 눈에 불을 켭니다. 하지만 그 반대도 마찬가지입니다. 대다수 인간은 올바르게 살기 위해 최선을 다하고 있다고 생각하는 사람은 타인과의 관계에서 이 믿음을 뒷받침하는 근거를 찾아냅니다.

허세와 가식이 심한 사람일수록 기질상의 단점이 선명하게 드러납니다. 큰 목소리로 자기의 장점을 내세우는 사람의 결점은 쉽게 눈에 띕니다. '형이상학자'도 보통 사람과 다를 바 없을지도 모릅니다. 평균보다 조금 더 나은 사람도 있겠지만, 놀라운 통찰력이나 영적 깨달음을 얻었다고 쉬지 않고 방송하는 것은 자기 얼굴에 침을 뱉는 짓이나 다름없습니다. 허세를 줄이면 사과할 일도 줄어듭니다. 평범한 사람이 어떤 일로 불같이 화를 내면 다들 그러려니 하지만, 자칭 '성스럽다는 사람'이 그런 모습을 보이면 누구나 당황합니다. 철학과 신비주의를 통해 활력과 영감을 얻은 사람은 많습니다. 그들은 다른 사람보다 일도 잘 처리하고, 삶의 무거운 짐을 짊어지고도 내색하지 않으며 품위를 유지합니다. 가르침을 체득하면서 내면으로부터 성장을 이루고 마음이 더욱 풍족해졌기 때문입니다. 진정으로 성공한, 실용적인 이상주의자들의 삶은 대체로 화려하지 않습니다. 하지만 이들은 자기 자신과 타인을 대하는 매 순간 신념을 지키기 위해 노력하는 사람들입니다. 제가 확실하게 말하건대, 올바른 신념은 분명 도움이 됩니다. 이것마저 없었더라면 세상은 지금보다 훨씬 더 암울했을 것입니다.

인간은 아주 극단적인 성향을 지닌 존재입니다. 자기에게 적합하고 도움이 되는 삶의 방식을 발견하고 나면 거의 광적으로 빠져버리는 시기를 거칠 가능성이 큽니다. 그 새로운 방식을 올바르게 활용하는 방법을 익히기도 전에 흥분해서 자신의 '놀라운 발견'을 다른 사람들과 공유하고 싶다는 충동이 밀려옵니다. 완벽한 타이밍을 기다렸다가는 열정도 식고 반응도 미지근해질지 모른다는 생각이 들면서 초조해집니다. 그래서 막상 나는 아직 실천으로 옮기지도 않았으면서 일단 남에게 전파하고 도우려 합니다. 그게 인간의 성향입니다. 하지만 완벽하지 않은 사람이 건넨 꽃이라고 해서 그 꽃의 아름다움이 희석되는 것은 아닙니다. 뭐든지 극단적인 것은 혼란을 유발하지만, 우주의 진리는 영향을 받지 않습니다. 철학은 우리에게 함부로 타인을 심판해서는 안 된다는 교훈과 영감을 제공합니다. 좋은 것은 감사하는 마음으로 받아들이면 됩니다. 지금보다 더 강하고 지혜로운 사람으로 성장하면 내가 나를 구원하는 방법도 익힐 수 있습니다. 그때까지는 행동이 어색하고 확신도 부족할 수 있지만, 계속 노력하고 있다는 것은 분명 의미 있는 일입니다.

우리가 꼭 멀리해야 할 감정 중 하나는 좌절입니다. 내가 하는 모든 일의 결과를 너무 집요하게 관찰하면 여러 차례 실망할 수 있습니다. 내가 할 수 있는 최선을 다해 헌신하면서 밭에 씨를 뿌린다는 심정으로 좋은 메시지를 전파하면 됩니다. 하지만 씨를 뿌리는 사람은 수확의 날을 손꼽아 기다리면서 공상에 빠지면 안 된다는 사실을 특히나 강조하고 싶습니다. 내 노력에 따른 결실을 당장 보여 달라고 요구할 권리는 아무에게도 없습니다.

'영적인 사람'이
언행일치를
실천하지 못하는
이유는 뭔가요?

우리에게 주어진 것은 선을 행할 특권입니다. 우주도 그 이상은 바라지 않습니다. 우리에게는 또한 지성으로, 사랑으로 섬기는 방법을 배울 기회도 주어졌습니다. 지혜로운 방법으로 우리의 생각을 전하면 더욱더 영구적인 진보를 성취할 가능성도 커집니다. 하지만 타인의 변화를 요구할 권리는 없습니다. 우리는 일꾼이지, 비평가가 아닙니다. 내가 남을 비판하는 동안, 남은 나를 비판하고 있다는 점을 기억해야 합니다. 나도 심판대에 오르면 만천하에 결점이 드러나게 되어있습니다.

본래의 질문으로 다시 돌아갑시다. 사람의 말과 행동이 종종 다른 이유는, 우리가 모두 호모 사피엔스라는 종의 일원이기 때문입니다. 그것이 바로 인간의 본성입니다. 인간은 자기 안에 내적인 갈등이 존재하고 있음을 희미하게나마 인지한 후 종교와 철학의 체계를 고안했습니다. 내면을 구성하는 여러 요소가 따로 놀지 않도록 하나로 통합하고, 인간이 자기와의 싸움에서 승리하는 데 필요한 힘과 용기를 부여하는 것이 종교와 철학의 역할입니다. 인간이 자기를 정복하는 힘을 기르기 전까지는 서로의 단점에 대해 관용을 베풀고, 우리가 공통으로 가지고 있는 결점을 바로잡기 위해 함께 노력하는 것이 바람직합니다.

4
진짜 영적 체험과 허상을 구분하는 방법은 무엇인가요?

진짜 영적 체험과 상상 또는 심리적 스트레스에 의해 만들어진 허상을 구분하는 방법은 무엇인가요?

비현실적인 희망 사항에만 넋을 잃고 하루하루를 보내는 사람은 이 문제와 관련하여 현실과 허상을 쉽게 구분하지 못하지만, 사려가 깊고 자신에게 정직한 사람은 대체로 내면에서 비롯되는 심리적 압박을 잘 이겨낼 수 있습니다. 자기분석도 현실과 허상을 분별하는 데 도움이 되지만, 가장 필요한 순간에 합리적 의심을 외면하려는 인간의 본능 때문에 문제가 발생하는 일이 많습니다. 인간이 가끔 체험하는 '놀라운 비전'은 대부분 일종의 심리 현상으로 판단하는 것이 좋을 것 같습니다. 그럴 수밖에 없습니다. 신비스러운 체험을 한 후에는 사람의 진짜 영적 체험과 허상을 구분하는 방법은 무엇인가요?

행동이 근본적으로 바뀌고 새로운 능력도 생겨나야 하는데, 아무런 변화도 없다면 그건 진짜 체험도 아니고 '깨달음'도 아니기 때문입니다. 지적으로 많이 발달한 사람일수록 신비체험을 하는 경우가 드물다는 점도 기억해야 합니다. 초월적인 현실을 체험하기 위해 천재이거나 학식이 풍부해야 할 필요는 없습니다. 지능보다는 사람의 기본적인 정직성이 훨씬 더 중요합니다. 역사적으로 많은 신비주의자가 자기의 체험을 공유했는데, 이들은 모두 행동을 통해 단순하고 강력한 신념을 실천으로 옮기며 헌신했다는 하나의 공통점을 가지고 있었습니다.

그럼 이제 '진정한 깨달음'으로 인정되고 기록된 사례들을 살펴봅시다. 영구적이고 지속적인 가치를 지니고, 많은 사람에게 긍정적인 영향을 준 계시를 받은 신비주의자들은 하나같이 점잖고, 이타적이고, 소박한 신앙을 바탕으로 실용적인 삶을 살았던 사람들이었습니다. 그들은 신과 진리에 대한 사랑을 통해 깨달음에 이르지 못한 대다수 사람을 괴롭히는 정신적, 감정적 불균형을 정복했습니다. 이 성자들은 불굴의 의지로 자기를 통제하고 억제하여 미덕의 경지에 도달한 사람들이 아닙니다. 날마다 내면의 파괴적 성향과 이기적 본능을 상대로 전쟁을 치른 사람들도 아닙니다. 이들은 자애롭고 진심 어린 자세로 삶의 고난을 받아들였습니다. 불평하지도, 항변하지도 않았습니다. 그저 내면에 깃든 신념을 따르며 삶에 임했을 뿐입니다. 영혼에서 진정한 힘의 원천을 발견하고 이에 의지했던 이들은 어려움이 찾아올 때마다 영혼의 도움을 받았고, 큰 축복을 받고도 겸손을 잃지 않았습니다. 진정한 깨달음을 얻은 사람들의 인격 패턴이 이렇다면, 인격이 그리 훌륭하지 않은 사람이 했다는 신비체험은 일단 의심해볼 필요가 있습니다. 나 자신을 솔직하게 평가했을 때 인격 면에서 여러 하자고 있고, 나만의 확신 외에는 내가 남보다 뛰어나다는 근거를 발견할 수 없다면 아직은 놀라운 깨달음에 이를 준비가 되지 않았다고 말할 수 있을 것 같습니다.

진짜
영적 체험과
허상을
구분하는 방법은
무엇인가요?

　　인과관계의 법칙이 우주 전체에 걸쳐 작용하고 있는 것이 사실이라면 '깨달음'이라는 결과에도 이에 상응하는 원인이 있어야만 합니다. 물론 사람마다 해석은 다를 수 있습니다. 내게 어떤 탁월한 능력이 있어서가 아니라, 여러모로 부족한 인간임에도 불구하고 신의 메시지를 전하는 신성한 임무를 받았다고 생각하는 사람도 있을 것입니다. 진짜 신비주의자 중에서도 그런 사람이 있었습니다. 자기에게는 신의 은총이라는 선물을 받을 자격이 없다는 사실을 잘 알고 있었던 겸손한 사람들이었습니다. 하지만 자기가 완벽한 존재가 아니라는 사실을 아는 선량한 사람이 그렇게 생각하는 것과 완벽하지도 않고 선량하지도 않은 사람이 그렇게 생각하는 것은 엄연히 다릅니다.

　　초감각적인 체험의 속성을 보면 그 체험의 대략적인 수준도 파악할 수 있습니다. 결과를 보면 더욱 명확해집니다. 환영(幻影)은 거의 항상 문제를 일으킵니다. 환영은 대체로 의미가 없고 어떠한 실질적인 결과로도 귀

착되지 않는다는 속성을 가지고 있습니다. 반평생 동안 거의 하루도 빠지지 않고 정체를 알 수 없는 유사 심리적 현상을 체험한 사람이 있었습니다. 하지만 그 많은 체험에도 불구하고 그의 삶에는 큰 변화가 일어나지 않았습니다. 전보다 지혜롭고 선량한 사람으로 변신한 것도 아니고, 그의 삶을 지배한 각종 비전, 꿈, 심볼이 일상의 문제를 해결하는 데 도움이 된 적도 없었습니다. 오히려 그는 삶의 자연스러운 방향성을 상실하며 더욱 궁핍해졌습니다. 온갖 신기한 체험으로 무장한 그는 자기가 '한때 속해 있던 옛 세상'은 너무 초라하다고 생각했습니다. 하지만 그는 '더 나은 세상'에서 정상적으로 기능할 역량을 가진 사람이 아니었습니다. 날이 갈수록 인격은 허물어졌고, 그는 마치 중독증 환자처럼 심리 현상에 매달리며 하루하루를 버텼습니다. 그가 받는 새로운 '계시'는 이전에 받은 계시보다 항상 더 화려했고, 내용은 이에 반비례하여 갈수록 속 빈 강정이 되어갔습니다.

진짜
영적 체험과
허상을
구분하는 방법은
무엇인가요?

    심리적 황홀감도 습관이 될 수 있습니다. 이게 중독이 되면 다음번 체험만을 학수고대하며 살아가는 딱한 처지에 놓이게 됩니다. 신비체험이 내게 어떤 의미를 지니는지 궁금하다면 친구들과 가족에게 한번 물어보시기 바랍니다. 내가 그 체험 이후 한층 더 성숙한 사람이 되었는지, 아니면 삶이 이상한 방향으로 흘러가기 시작하면서 괴팍하고 우스꽝스러운 사람이 되었는지 얘기해줄 것입니다. 그들이 나의 놀라운 초자연적 능력을 이해하지 못해서 무턱대고 욕하는 것이라고 섣불리 판단해서는 안 됩니다. 이번에도 언제 어디서나 완벽하게 작동하는 인과관계의 법칙을 생각해봐야 합니다. 내면에서 어떤 깨달음을 얻으면 일련의 새로운 원인이 생성되며, 이에 상응하는 결과가 행동으로 나타나게 되어 있습니다. 영적 체험의 강도는 날이 갈수록 강해지는데 막상 나는 전보다 더 못난 사람이 되어가고 있다면 뭔가 큰 문제가 있다는 뜻입니다. 신비체험을 통해 얻은 내면의 지침이 내가 '깨달음'을 얻기 전부터 간절히 원했던 방향으로 나아가라고 부추기고 있다면, 이것 역시 좋지 않은 징후입니다. 신비체험을 했다고 주장하며 은근히 자기의 행동을 정당화하는 사례도 심심찮게 볼 수 있습니다. 바뀐 것이 하나도 없다는 뜻입니다. 부적절한 것에다가 멋대로 신성을 부여하여 나를 정당화하려는 시도에 지나지 않습니다. 일반적인 분노를 '정당한 분노'로 포장한 것과 다를 바 없습니다. 분노하는 마음이 여전히 남아있다는 사실에는 변화가 없습니다. 전보다 나아진 것은 하나도 없는 셈입니다.

신비체험을 한 것 같은 느낌이 든다면 유능한 심리학자의 조언을 구해보는 것도 좋습니다. 내가 봤던 비전이 일종의 백일몽일 수도 있고, 그 외에도 꿈속에서 서머랜드[7]에 다녀온 것 같은 기분을 설명할 수 있는 여러 방법이 있을 수 있습니다. 그 체험이 어떤 실질적인 의미를 지닐 수도 있지만, 내가 그토록 희망했던 의미는 아닐 수도 있습니다. 인간은 다른 사람에게 일어나는 일은 사소하지만, 나에게는 사소한 일이 일어날 수 없다고 생각하는 경향이 있습니다. 다른 사람이 신비체

진짜
영적 체험과
허상을
구분하는 방법은
무엇인가요?

험을 했다고 주장하면 정신에 이상이 있는 것이 틀림없고, 내가 체험한 일은 진정한 깨달음에 도달했다는 징표입니다. 어떤 현상을 받아들이고 해석하는 편향과 강도가 지나쳐 광적인 수준에 이르면 일탈이 난무하고, 이게 습관이 되면 현실보다 환상에 이끌리는 성향이 정신을 지배하며 집착으로 이어지게 됩니다.

초자연적인 체험에서 쓸모 있는 무언가를 발견하는 것은 물론 긍정적인 일입니다. 이런 체험을 했다면 가능한 범위 내에서, 이왕이면 이해당사자가 아닌 제삼자를 통해 사실관계를 확인하고 검증해보는 것이 좋습니다. 비전에서 본 이상한 점, 안 좋은 인상도 쉽게 지나치지 않도록 주의해야 합니다. 인간은 자기가 원하는 결과에 보탬이 되지 않는 것은 무시하거나 쉽게 잊어버리기 때문입니다. 예전에 유럽에서 거대한 화산 폭발이 일어나 큰 도시를 쑥대밭으로 만드는 생생한 비전을 보고 걱정되어 저를 찾아온 사람이 있었습니다. 그는 비전에서 참사가 일어날 예정인 구체적인 날짜까지 받았습니다. 그는 해당 지역의 주민들에게 다가오는 재앙을 경고하는 신성한 임무가 자기에게 주어졌다고 말하며 흥분했습니다. 마침내 운명의 날이 왔지만, 유럽에서는 아무 일도 일어나지 않았습니다. 화산의 활동도 평소와 다름없이 조용했습니다. 나중에 이 사실을 그에게 넌지시 언급했더니 원망하는 눈빛으로 저를 째려보더군요. 그는 그새 열 건이 넘는 새롭고 중요한 계시를 또 받아 그 일에 집중하느라 여념이 없었습니다. 그의 예언 중 실현된 것은 하나도 없었지만, 나는 선지자라는 그의 믿음은 흔들리지 않았습니다. 결론은 자명했습니다. 이 사람은 본인의 인생을 낭비하는 것은 물론이고, 공포를 조장하며 주변 사람들에게까지 정신적 피해를 주고 있었습니다.

저는 지금까지 겸손한 말투로 자기는 전지전능하다고 주장하는 이상한 사람들을 여럿 만나봤습니다. 하지만 간단한 테스트를 해본 결과, 이들은 자기보다 훨씬 '평범하고 열등한' 자들보다 나을 것이 하나도 없는 사

진짜 영적 체험과 허상을 구분하는 방법은 무엇인가요?

람들이었습니다. 잃어버린 옷깃 단추 하나를 찾아내지 못해 쩔쩔매던 자칭 초능력자도 있었습니다. 그 놀라운 능력으로도 작은 물건 하나를 찾아내기에는 역부족이었던 모양입니다. 세상의 종말을 예언하고 지구 반대편에 있는 독재자의 생각을 읽는 일에 능통했던 그는 초감각적 능력을 연구하는 전문 기관에서 실시한 간단한 테스트는 하나도 통과하지 못했습니다. 망상에 빠졌음이 틀림없었지만, 가족과 친구들도 그를 설득하지 못했습니다. 날이 갈수록 상태가 나빠진 그는 결국 정신 질환을 얻게 되었습니다.

본래의 질문으로 돌아가 제가 제안하고 싶은 것은, 지금 당장 쓸모가 있는 직관적, 영적 메시지만 받아들이라는 것입니다. 우리가 도저히 헤아릴 수 없는, 매우 추상적이고 이상적인 곳에 오르는 운명을 타고났다는 식의 체험에 깊게 빠져 명상하는 것은 바람직하지 않습니다. 인간은 누구나 남보다 잘난 사람이 되고 싶은 본능을 가지고 있습니다. 하지만 내가 우월하다는 증거를 찾아내지 못하면 속이 답답하고, 평범함에서 탈출하기 위해 내 머릿속에서만 존재하는 환상의 세계를 만들어 낼 수도 있습니다. 사람들이 나를 이해하지 못해서 나에게 감사할 줄 모르는 것이고, 나의 내면에는 남에게는 없는 놀라운 선물과 깨달음이 있으므로 불공평한 처사를 버텨내는 수밖에 없다는 식으로 자기를 세뇌하는 것입니다. 이런 심리적 압력을 해소하지 않으면 서서히 두려움과 불안의 원인으로 변합니다. 아름답고 황홀했던 환상의 세계도 서서히 악몽으로 둔갑합니다. 증오로 가득한 목소리가 들려오면서 평온을 깨고, 소름 끼치는 귀신들이 꿈에 나타나 나를 괴롭힙니다. 상식이 마비되면서 범죄를 저지르거나 자살하고 싶은 충동이 생겨날 수도 있습니다. 환상의 압박에 짓눌리면서 정상적인 삶을 영위하는 역량이 약해지고, 심리적으로 병들어 의식이 정상보다 낮은 수준으로 퇴화한 결과입니다. 제가 지금까지 관찰한 바에 따르면, 아름다운 비전과 꿈이 시간이 흐르면서 마수를 드러내고 비도덕적인 행동을 부추기는 사례가 많은 것 같습니다. 상상의 노예가 되어 나를 지배하도록 허용하면 그동안 숨겨져 있던 나의 결점들이 정당화라는 갑주를 걸치고 그 모습을 드러냅니다.

사도 바울은 "영을 시험해 보라.[8]"고 조언했습니다. 객관적인 수단으로 주관적인 체험의 유효성을 검증해야 한다는 뜻입니다. 삶을 충분히 경험하고 분별력을 키우지도 못한 상태에서 내 이해력을 초월하는 개념과 교리를 이해하려 들면 기준점과 중심을 잃고 사실관계에 대한 감각도 무뎌집니다. 존재하지 않는 환상의 세계로 진입하는 첫걸음입니다. 이정표를 상실한 상태로 추상적인 세상에서 방랑하다가 '미지의 것'이 내뿜는 치명적인 매력에 푹 빠져버립니다. 하지만 이 '미지의 것'은 당사자의 내적 압력을 비추는 거울에 불과합니다. 내 안의 어지러운 심리 상태를 재료로 신기한 미스터리를 만들어내고, 결국에는 내 안의 끔찍한 모습을 보고 공포에 시달리게 되는 것입니다.

영적이면서 동시에 합리적인 인간은 자연스럽고 단순한 성장의 과정을 거치면서 객관적/주관적인 자각의 힘과 사색의 역량이 발전하는 경험을 합니다. 이런 역량이 정상적인 방법으로 계발되면 규율 잡힌 정신과 잘 다스려진 감정에 의해 든든하게 지탱되며, 이런 상태에서는 자기기만에 빠질 가능성도 적습니다. 이해력이 높아졌기 때문에 성숙하지 않은 감정과 정신이 모의하여 불순한 동기를 품지 못하게 되고, 상상의 산물을 제멋대로 왜곡하는 힘도 잃습니다. 심리적 체험이 나는 물론이고 주변 사람들에게까지 피해를 주는 지경까지 이르렀다면, 망상은 내가 진실로 믿으며 힘을 실어줘야만 생존할 수 있다는 사실을 기억하시기 바랍니다. 환상은 무관심을 견뎌내지 못합니다. 자기망상에 빠진 피해자가 이 사실을 명확하게 인지하고 건설적인 활동으로 눈길을 돌리면 자기를 괴롭혔던 비전들도 점차 사라집니다. 망상의 악순환에서 해방되기 위한 첫 번째 조건은 정직함입니다. 정직하면 모든 것이 가능해지지만, 정직하지 않았을 때 돌아오는 결과는 비극뿐입니다.

5
인과관계의 법칙이
매번 즉시 작용하면
카르마도
줄어들지 않을까요?

신은 인간을 '자녀'로 여긴다고 합니다. 인간 부모는 자식이 잘못을 저질렀을 때 곧바로 이에 상응하는 벌을 내립니다. 잘못에 관한 기억이 머릿속에 생생하게 남아있을 때 교정 조치를 하는 것이죠. 신도 똑같은 방식으로 인간을 대하면 우리가 만들어내는 카르마도 줄어들지 않을까요?

말씀하신 대로 인간은 신을 부모 같은 존재로 인식하는 경향이 있습니다. 하지만 신에게 인간 부모와 똑같은 속성을 부여하는 것은 합리적이지 않습니다. 신은 모든 것을 지도하고 아는 힘이며, 자연법칙의 작용을 통해 자기 모습을 드러낸다고 보는 것이 더 정확한 표현일 것 같습니다. 즉, 신은 자기가 창조한 모든 생명마다 각기 삶의 방식을 부여하고, 우주 계획의 틀 안에서 모든 생명이 자기를 구원할 수 있는 역량을 부여했다고 할 수 있습니다. '카르마의 법칙'은 이보다 상위에 있는 '인과관계 법칙'의 한 단면입니다. 이와 같은 우주의 법칙들

> 인과관계의
> 법칙이
> 매번 즉시
> 작용하면
> 카르마도
> 줄어들지
> 않을까요?

은 법칙의 지배를 받는 모든 생명이 궁극적으로 깨달음에 도달하고 영구적인 안전을 얻도록 지도하는 역할을 합니다.

카르마는 우리의 삶과 직결된 힘입니다. 신은 인간 부모가 잘못을 저지른 자녀를 벌하듯이, 인류를 감시하고 나쁜 사람들을 솎아내어 형벌을 내리는 '인격체'가 아닙니다. 어떤 신적 존재가 우주를 독재자처럼 통치하고, 모든 생명의 행동을 감찰하며 필요할 때마다 개입한다면 성장의 가장 큰 목표가 무력화됩니다. 인간은 삶을 통해서 선과 악을 발견하고 체험할 수 있도록 창조된 생명체입니다. 성장이라는 교과목에서 아주 중요한 요소 중 하나는 '자발적인 선택'입니다. 내가 옳다고 생각하는 신념에 맞춰 행동을 변화하겠다는 결심이 내면에서 이루어져야 합니다. 어린아이는 아직 이런 결단을 내리기 위한 역량이 부족합니다. 따라서 어느 시점까지는 어른이 지도해줘야 합니다. 하지만 성인이 된 후에는 자기의 모든 행동과 이에 따른 결과에 대해 책임져야 합니다.

 우리는 카르마의 작용을 관찰하면서 모든 원인 안에는 항상 결과가 포함되어 있다는 사실을 알 수 있습니다. 원인을 만들어낸 행동의 질에 따라 좋거나 나쁜 결과가 뒤따르게 되어있습니다. 인과관계의 법칙은 우주의 거대한 도덕적, 윤리적 구조를 유지하는 유일한 방법입니다. 우리는 행동의 결과로 일어나는 일들을 관찰하고 체험하면서 이 법칙을 발견해야 합니다. 인류는 행동에 관한 통찰을 강화할 수 있는 다양한 방법을 개발했고, 우리는 조상들이 오랜 세월에 걸쳐 터득한 이 경험과 지식을 유산으로 물려받았습니다. 인류는 역사 초기부터 다양한 영적, 도덕적, 법석 체계를 고안하고 발전시켜 왔습니다. 세계 각지에서 전해져오는 이 법칙들은 근본적으로 같은 내용을 담고 있습니다. 서방세계의 경우에는 십계명과 산상수훈을 대표적인 사례로 들 수 있습니다. 역사는 인격과 윤리의 계발에 관한 많은 유용한 정보를 제공합니다. 세월이 흐르면서 이 법칙들

인과관계의
법칙이
매번 즉시
작용하면
카르마도
줄어들지
않을까요?

은 인간의 잠재의식 속에 깊은 뿌리를 내렸습니다. 그래서 우리는 선과 악에 관한 전통적인 개념에 어긋나는 행동을 한 후 본능적으로 양심의 가책을 느낍니다. 내가 방금 한 행동이 원칙과 타협했거나 파괴적인 본능에 굴복한 것이라는 불길한 느낌이 마음속에서 솟아나는 것입니다. 이와 같은 전통적인 교육의 영향이 몸에 배어서인지, 우리는 해서는 안 될 실수를 저지른 후 이에 따른 대가를 치러야 한다는 두려움에 시달리기도 합니다. 물론 양심의 작은 목소리를 무시하고 일을 저지르는 경우도 많이 있습니다. 양심의 목소리를 듣지 못해서가 아니라, 나중에 대가를 치르더라도 할 만한 가치가 있다고 판단했기 때문에 행동으로 옮기는 것입니다.

인생에서 카르마의 법칙이 작용하는 현상을 관찰하면 원인과 결과의 순환 주기가 길 수도 있고 짧을 수도 있음을 알 수 있습니다. 실행 즉시 카르마를 불러오는 행동도 있습니다. 예를 들어, 음식을 잘못 선택하여 섭취하면 불과 몇 분 만에 배탈이라는 결과를 맞게 됩니다. 고속도로에서 난폭운전을 하는 행위 역시 즉석에서 대가를 치러야 하는 상황으로 이어질 가능성이 큽니다. 반면 수일, 수주, 수개월, 심지어 이번 생이 아닌 미래의 생에서 결과가 찾아오는 장기 순환도 있습니다. 이런 경우에는 원인과 결과의 상관관계를 명확하게 파악하기 어려울 수 있습니다. 하지만 결과가 한참 후에 찾아오더라도 원인을 파악할 수 있는 단서가 충분히 있는 경우가 대부분입니다. 당사자는 왜 자기에게 이런 일이 닥쳤는지 대충 안다는 얘기입니다. 작은 부정행위의 원인-결과 순환 주기는 보통 짧습니다. 심한 말, 못된 생각, 또는 인간이 제정한 법규의 위반 등은 비교적 빠른 속도로 이에 상응하는 결과를 불러옵니다. 분노의 폭발은 곧바로 내 기분을 다운시키고 체력을 소모하며, 그 결과로 저녁이나 주말에 잡았던 약속을 망칠 가능성도 커집니다. 나쁜 습관을 고치지 못해 만성적으로 저지르는 실수도 있습니다. 같은 법칙을 계속 위반하면서 이에 따른 불편한 결과의 반복이 삶의 루틴으로 자리를 잡게 될 수도 있습니다. 예를 들어, 항상 뭔가를 걱정하

> 인과관계의
> 법칙이
> 매번 즉시
> 작용하면
> 카르마도
> 줄어들지
> 않을까요?

며 사는 사람은 거의 매 순간 불안감이라는 결과를 마음속에 안고 하루하루를 넘깁니다.

앞에서 설명한 사례들은 이해하기 쉽지만, 카르마의 법칙에 관한 이해가 부족한 사람의 관점에서는 나쁜 짓을 한 사람이 잘사는 것을 보고 혼란에 빠질 수 있습니다. 심지어 악행에 대한 정당한 대가를 전혀 치르지 않고 떵떵거리며 사는 사람도 있는 것처럼 보일 수 있습니다. 이 문제와 관련해서는 범죄학 분야의 연구 결과가 약간의 위안이 될지 모르겠습니다. 범죄자의 대부분은 결국 체포되는 운명을 맞지만, 첫 번째 범행으로 걸리는 사람은 많지 않습니다. 경찰에 체포되는 도둑은 대부분 이전에도 여러 차례에 걸쳐 절도행위를 저질렀던 사람입니다. 범행의 성공에 자만하다가 결정적인 실수를 저지르며 법망에 걸려든 것입니다. 언젠가는 카르마가 사람을 따라잡게 되어있다는 얘기입니다. 카르마의 주기가 한 번의 생을 넘어 다음 생까지 이어지는 사례는 그리 많지 않습니다. 하지만 인격상의 심각한 하자를 바로잡지 못하고 반복하는 사람의 카르마는 여러 생에 걸쳐 이어질 가능성이 큽니다. 내면 깊은 곳까지 침투하여 단단하게 뿌리를 내린 삐뚤어진 생각과 관점은 나를 무덤까지 따라오며, 이런 사람은 다음 생에서도 잘못을 바로잡지 못하고 고집을 피우는 사람으로 태어날 가능성이 큽니다.

카르마의 작용에서 우리가 고려해야 할 또 하나의 흥미로운 요소가 있습니다. 인간은 우주의 법칙을 위반했을 때 자기의 의식 수준에 걸맞은 대가를 치르게 되어있다는 점입니다. 다시 말해, 인간은 자기가 수긍할 수 있는 벌을 받습니다. 내가 왜 이런 벌을 받아야 하는지 속으로는 안다는 얘기입니다. 필요 이상의 형벌이 내려지는 일도 없습니다. 우리는 살면서 실망스러운 일도 겪고, 크고 작은 불편과 불쾌함도 체험합니다. 일상에서 우리에게 벌어지는 사소한 일들에도 다 원인이 있지만, 생활에 지장을 줄 정도로 큰일이 아니라면 굳이 철학적 사색으로 원인을 추적하지 않고 그냥 지나칩니다. 예를

인과관계의
법칙이
매번 즉시
작용하면
카르마도
줄어들지
않을까요?

들어, 어느 날 아침에 기상했을 때 머리가 아프다고 해서 그 원인을 체계적으로 분석하는 사람은 많지 않습니다. 그냥 아스피린 한 알 삼키고 잊어버리죠. 한동안은 약의 힘으로 두통에 대처합니다. 하지만 이 두통이 자연의 법칙을 위반한 행위에 따른 결과라면 약발이 들지 않는 시점이 분명히 옵니다. 그때가 되면 다른 해결책을 찾아내야 합니다. 불편함의 정도가 심해지면 무턱대고 버티기보다 근본적인 원인과 해법을 찾아내고 나의 행동을 바꿔야만 한다는 결론에 도달하게 됩니다.

행동에 따른 카르마가 즉각 찾아온다면 같은 실수를 반복하거나 다양한 형태로 '응용'하는 일도 줄어들 것이라는 독자의 지적은 이론적으로는 맞을 수도 있습니다. 하지만 모든 일에는 사이클이 있다는 점을 기억해야 합니다. 어떤 원인에 잠재된 모든 요소가 실현되고, 이에 합당한 결과를 만들어내기 위해서는 숙성의 과정을 거쳐야 합니다. 그만큼 시간이 필요하다는 뜻입니다. 그리고 모든 인간의 행동을 24시간 감시하고 있는 신이 부정행위가 있을 때마다 개입하여 회초리를 든다면 도덕에 대한 우리의 기준도 그리 높지 않았을 것입니다. 아이들처럼 책임감도 없을 것이고, 내가 왜 벌을 받는지도 몰랐을 것입니다. 부모가 공정하지 않고, 너무 구식이고, 필요 이상으로 엄하다고 불만을 품었을 것입니다. 하지만 자연의 방식은 교육의 관점에서 가장 완벽합니다. 인간은 삶을 체험하면서 행동에 따른 결과는 피할 수 없다는 사실을 조금씩 깨닫습니다. 부모를 속여서 교묘하게 상황에서 빠져나가거나 변명을 내세워 코앞의 위기를 모면할 수는 있습니다. 심지어 부모를 윽박지를 수도 있습니다. 하지만 뿌린 대로 거둔다는 진리의 법칙은 어떤 경우에도 피하거나 빠져나갈 수가 없습니다. 인간은 예외 없이 자신의 모든 행동에 대한 온전한 대가를 치르게 되어있습니다.

살면서 고생을 많이 한 사람일수록 공정하지 않은 사람을 변화시키는 것은 불가능하다고 여깁니다. 아무렇지도 않게 잘못을 일삼는 사람은 에고, 자만심, 고집, 무

> 인과관계의
> 법칙이
> 매번 즉시
> 작용하면
> 카르마도
> 줄어들지
> 않을까요?

지에 완전히 사로잡혀 있습니다. 지도해도 고쳐지지 않고, 교정하려 아무리 노력해도 헛수고입니다. 이런 사람은 법을 어기고 투옥되더라도 뉘우치는 것 하나 없이 교도소를 안방처럼 드나드는 만성적 범죄자가 될 가능성이 큽니다. 이 문제를 해결할 수 있는 유일한 방법은 인과관계의 법칙입니다. 신의 방앗간은 느린 속도로 돌지만, 매우 정교하다는 말이 있습니다. 인간의 힘으로 고칠 수 없는 것, 지도를 통해 개선할 수 없는 것, 형벌로 막을 수 없는 것은 카르마가 해결합니다. 자기의 잘못을 모르고 비행을 일삼는 사람도 때가 되면 우주 법칙의 작용으로 진리의 빛을 보게 됩니다. 절대적으로 확신할 수 있습니다. 한 해가 지나가고, 한 생이 지나가고, 여러 생이 지나가는 동안 기존의 방식을 바꾸지 않고 끝까지 버티려 시도할 수는 있습니다. 하지만 최후의 승자는 언제나 카르마입니다. 미련하게 계속 버티다가 법칙을 따르지 않고서는 도저히 견딜 수 없을 정도로 무거운 짐이 쌓이면 싫어도 변하게 되어있습니다. 인간의 의지는 영원의 의지를 이길 수 없습니다. 하지만 지금부터 이 진리를 인정하고 법칙을 따르기로 마음먹을지 여부는 나의 선택입니다. 인간은 의식을 가진 존재이며, 따라서 결정의 자유를 가지고 있습니다. 이 법칙이 공정하고 필연적이기 때문에 따라야 한다고 스스로 확신하고 선택해야 합니다. 이 과정을 거치지 않으면 유혹으로부터 나를 보호하는 힘을 기를 수 없습니다.

인간이 자기가 벌 받는 이유를 자꾸 망각하는 문제에 대해서도 너무 걱정할 필요 없습니다. 의식적으로는 그 이유를 잊어버렸을 수도 있지만, 잠재의식 안에는 확실하게 각인되어 있습니다. 몇 주, 몇 개월, 몇 년 전에 내가 저질렀던 잘못을 일일이 다 기억해야 할 필요도 없습니다. 나에게 일어난 모든 일에는 반드시 이를 유발한 합리적인 원인이 있었을 것이라고 솔직하게 인정하는 것만으로도 충분합니다. 카르마는 일정한 범위 안에서 작용하며, 형벌 안에는 항상 원인이 들어있습니다. 나에게 일어난 결과를 자세히 보면 그 안에서 내가 애초에 저질렀던 원인의 흔적을 발견할 수 있습니다. 내

> 인과관계의 법칙이 매번 즉시 작용하면 카르마도 줄어들지 않을까요?

가 저지른 잘못에 걸맞은 형벌이 주어지는 것이기 때문에 그 사건을 통해 배우고 이해할 수 있습니다. 남의 물건을 훔친 적이 있으면 미래에 내 물건을 도난당하거나, 아니면 형태는 달라도 내가 범했던 절도행위의 피해자와 유사한 손해를 입게 됩니다. 타인의 명예를 훼손한 적이 있으면 이에 대한 형벌로 금전적 손해를 입는 것이 아니라 나의 명예도 타격을 입는 일이 생깁니다. 내가 책임을 저버린 적이 있다면, 그와 같거나 유사한 책임을 저버렸을 때 발생하는 피해를 내가 경험하게 됩니다. 나의 부주의로 피해가 발생했다면 나도 부주의의 피해자가 되고, 폭력을 행사했다면 나도 폭력의 쓴맛을 보게 됩니다. 부처가 카르마의 가장 크고 보편적인 측면을 아주 잘 표현했습니다. 인간이 저지르는 가장 기본적인 실수는 이기심이고, 모든 실수의 필연적인 결과는 고통이라는 것. 이 대전제를 기반으로 해서 무수히 많은 조합의 카르마가 만들어지는 것입니다.

철학과 종교 둘 다 카르마 해소의 문제를 중요한 과

제로 삼았습니다. 잘못을 저지른 사람이 카르마의 사이클이 완성되기 전에 잘못을 진심으로 뉘우쳤다고 가정해 봅시다. 이미 시작된 사이클을 무력화하는 방법이 있을까요? 동양 철학에 따르면 가능하다고 합니다. 무효화시키는 방법이 없다면 사이클이 영원히 끝나지 않기 때문입니다. 물론 이미 저지른 잘못에 대한 대가는 피할 수 없습니다. 그건 어떤 식으로든 치러야 합니다. 하지만 이해가 깊어지면서 카르마 법칙의 긍정적인 측면을 가속할 수는 있습니다. 다시 말해, 좋은 카르마를 만들어낼 수 있다는 것입니다. 진심으로, 꾸준히 이 작업에 임하면 좋은 결과를 많이 만들어낼 수 있습니다. 그리고 좋은 카르마를 많이 만들어내면 과거에 지은 잘못의 빚을 갚는 과정에서도 큰 도움을 받습니다.

신비주의 철학에서는 미덕의 종착지는 평온과 형제애라는 관점에서 카르마의 법칙을 설명합니다. 마음속에서 모든 형태의 악에 대한 지지를 철회하면 파괴적인 성향도 점점 줄어들며, 카르마의 수레바퀴도 조금씩 방

인과관계의
법칙이
매번 즉시
작용하면
카르마도
줄어들지
않을까요?

향을 전환합니다. 응징의 카르마가 서서히 자취를 감추면서 조용하고, 평화롭고, 건설적인 삶을 사는 일이 전보다 쉽게 느껴집니다. 자연의 법칙을 모독하는 행위가 사라지면서 학대에 따른 고통도 줄어듭니다.

신을 다정다감한 아버지로 여기고 싶다면, 그는 동시에 매우 지혜로운 교장 선생님이기도 하다는 점을 꼭 기억하시기 바랍니다. 인간은 의식을 가진 존재이기 때문에 하늘에 계신 아버지가 우리에게 바라는 삶의 방식이 무엇인지 알 수 있습니다. 신의 바람은 곧 명령이기도 합니다. 우리가 이 명령을 이행하고, 왜 이 명령이 정의롭고 올바른지 이해하면 우주 아버지의 사랑을 완전하게 체험할 수 있습니다. 그를 존경하고, 칭송하고, 그의 완벽한 모범을 거울삼아 나의 삶을 설계할 수 있습니다. 신의 뜻을 완전하게 인지하는 경지에 이르기 전까지는 인과관계의 법칙을 충실하게 따르고, 우주의 법에서 인정하는 행동만 하려고 노력해야 합니다. 우리의 통찰력이 완벽하지 않기 때문에 앞으로도 여러 가지 실수를 저지르게 될 것입니다. 하지만 우리가 마음만 먹으면 언제든 어제보다 건설적으로 행동할 수 있습니다. 좋은 카르마의 영향을 경험하기 시작하면 누가 시키지 않아도 자연의 법칙을 지키고 더 많은 보상을 받고 싶다는 동기가 생겨날 것입니다. 그전까지는 내가 한 일 또는 하지 않은 일 때문에 생겨난 카르마를 군말 없이 받아들여야 합니다.

6
왜 옛날 스승들의 단점은 지적하지 않으세요?

선생께서는 고대의 종교와 철학에 관한 깊은 공부를 하셨는데, 왜 고대의 가르침 중 잘못되었거나 바람직하지 않은 내용은 지적하지 않으십니까?

소위 말하는 대부분의 '경전'은 현대 독자의 관점에서 받아들이기 힘든 내용을 일부 포함하고 있습니다. 우주와 인간에 관한 현대 지식과 정면으로 배치되는 교리도 많습니다. 심지어 전쟁을 용인하고, 종교적 비관용과 종파 간의 갈등을 부추기는 내용이 담긴 경전도 있습니다. 질문의 요지는 결국 '신학적 논란의 실용적 가치'를 파악하는 것과 관련이 있다고 할 수 있을 것 같습니다. 오랜 역사에 걸쳐 인류에게 다양한 방법으로 도움을 주고, 인간이 위기에 처할 때마다 힘과 용기를 불어넣어 준 가르침을 깎아내려서 우리가 실질적으로 얻을 수 있는 것은 과연 무엇일까요?

로버트 그린 잉거솔[9] 대령은 19세기 미국의 저명한 불가지론자였습니다. 미국 의회의 상원의원까지 지냈던 잉거솔은 변호사로서도 명성을 날렸고, 찰스 다윈의 열렬한 지지자이기도 했습니다. 그는 '고등 성경 비평'이라는 주제로 강연을 하며 대중적 인기를 누렸습니다. 많은 시민이 큰돈을 주고 그의 강연을 듣기 위해 몰려들었습니다. 잉거솔은 주로 종교기관의 행태를 문제 삼았습니다. 그는 신의 존재와 인간 영혼의 불멸성은 부정하지 않았지만, 인간의 편협함과 비관용으로 가득한 대부분 종교의 경전의 내용에 대해서는 회의적인 시각을 가졌습니다.

세계 주요 경전에 담긴 이율배반적 내용을 올바르게 이해하기 위해서는 우선 이 책들이 쓰인 시대적 배경과 맥락부터 파악해야 합니다. 《코란》 정도를 제외한 전 세계 종교 경전의 저자는 아직도 베일에 싸여있습니다.

대부분은 해당 종교의 창시자가 세상을 떠난 후에 엮이고 편집되었습니다. 기독교의 경우 여러 차례의 위원회가 소집되어 각 지역의 교리를 비교하고 통합하는 작업이 이루어졌으며, 이 과정에서 각 종파의 대표 간에 논쟁이 벌어지는 사례도 많았습니다. 초기 기독교 사제들은 기본적인 교회법을 제정하는 과정에서 많은 애를 먹었고, 지금도 몇몇 중요한 교리가 종파 간의 합의를 이루지 못한 채 미결 과제로 남아있습니다.

인류 역사상 최고의 영적 지도자 중 상당수가 지금으로부터 약 2,500년 전에 동시대를 살았습니다. 중국의 노자와 공자, 인도의 붓다, 페르시아의 조로아스터, 그리고 그리스의 피타고라스를 대표적인 예로 들 수 있습니다. 이들이 살았던 세상은 지금과 아주 달랐습니다. 여행은 쉽지 않았고, 인쇄술은 발명되기 이전이었고, 우리에게 익숙한 교육 시스템도 존재하지 않았습니다. 종교, 철학, 과학의 구분도 없었습니다. 국교의 사제들이 모든 지식을 관리했고, 엄격한 비밀 유지 서약 하에

왜 옛날
스승들의
단점은
지적하지
않으세요?

선택된 소수에게만 지식이 전파되었습니다. 고대의 현자와 선지자들은 조상으로부터 물려받은 세련된 지식 체계를 토대로 새로운 사상과 가르침을 전한 사람들이 아니었습니다. 그들은 진정한 의미에서의 창시자이자 발견자였습니다. 현대의 지식은 대부분 이 선구자들이 세운 기반을 바탕으로 발전된 것입니다. 따라서 아리스토텔레스가 인간이 가진 이빨의 수를 정확하게 헤아리지 못했던 것은 그리 놀랄 일이 아닙니다. 모두가 지구는 평평하다고 믿던 시절에 지구의 곡률을 정확하게 계산하지 못한 초기 과학자들을 나무랄 수도 없는 노릇입니다. '지구의 네 모서리'를 운운했던 옛 선지자들을 비판할 수도 있겠지만, 이보다 훨씬 중요한 문제들이 산적해 있는 상황에서 이런 세부적인 내용에 집착하는 사람은 많지 않습니다.

인간은 환경과 역사 인식의 강한 영향을 받습니다. 자기가 속한 세대의 편견과 선입견으로부터 완전하게 자유로운 사람은 없습니다. 나에게 익숙한 삶의 패턴이 영속될 것이고, 내가 받아들인 교리가 먼 미래의 세대에게도 절대적인 영향을 줄 것으로 생각하는 것은 지극히 자연스러운 일입니다. 오래전에 살았던 조상들도 지금의 우리와 비슷한 문제를 겪었습니다. 전쟁은 끊이지 않았고, 지도자는 대부분 독재자였고, 상인들은 양심의 가책을 느끼지 않으며 상대방을 속였고, 종교는 생존하기 위해 본래의 가르침보다는 당대의 대세를 따르기 위해 노력했습니다. 슬픔으로 점철된 인류의 오랜 역사 동안 인간이 신으로부터 영감을 받아 제정했다는 도덕과 윤리의 법칙을 온전하게 따르며 실천했던 적은 한 번도 없습니다.

모세부터 무함마드에까지 이르는 개혁가들은 주로 자기 나라의 국민을 계몽하기 위해 노력했습니다. 여러 국가와 민족이 반복적으로 죄의 수렁에 빠져 허덕일 때마다 신은 선지자를 보내 그들을 구원했습니다. 인류가 심각한 위기에 빠져있는 시점에 선지자 역할을 하는 것은 지극히 위험한 일입니다. 예언이 맞아떨어지든, 아니면 완전히 빗나가든, 선지자는 비극적인 결말을 맞을 가능성이 큽니다. 인류 역사상 최고의 경전은 사막 한가운데의 초라한 천막, 캐러밴이 오가는 통상로의 야영장, 구릉 지역의 움막과 토굴에서 탄생했습니다. 이런 문헌에 왜 미흡한 점들이 있느냐고 의문을 제기하는 것은 적절하지 않다고 봅니다. 오히려 그처럼 열악한 환경에서 이런 작품들이 탄생했다는 것 자체가 크나큰 기적입니다.

세상에 구세주와 개혁가가 출현하는 이유는, 기존의 체계가 제 역할을 하지 못하고 해당 지역이 부정과 부패에 물들었기 때문입니다. 개혁가는 천성적으로 기존의 질서에 대해 비판적인 시각을 가지고 있습니다. 초기 크리스천들도 로마 제국에 대해 비판적이었고, 힌두교와 불교의 추종자들 간에도 갈등이 있었습니다. 예나 지금이나, 커리어를 망치는 가장 빠르고 확실한 방법은 관행과 대세를 부정하고 이에 역행하는 것입니다. 세상을 지배하는 세력은 막강한 권력을 행사하지만, 미래에 대한 비전은 가지고 있지 않습니다. 언제나 그래왔습니다. 권력을 가진 자는 어떻게 해서든 구실을 만들어 말썽꾼들을 숙청합니다. 대세를 거부했다가 순교하는 일은 그리 보기 드문 광경이 아닙니다.

세계의 모든 주요 종교는 아시아 대륙에서 유래되었습니다. 지형, 기후, 그리고 농업의 생산성은 인간의 신앙심과도 직결됩니다. 먹거리가 풍부한 지역의 신은 자애로운 존재로 묘사됩니다. 반면 매일 생존을 위해 투쟁해야 하는 악천후 조건에서 사는 민족의 신은 강인한 모습을 띠고 있습니다. 즉, 인간의 경험이 초기 종교의 개념에도 많이 투영되었다는 얘기입니다. 예를 들어, 중앙아시아의 어떤 부족은 죽음의 신이 네 개의 얼굴을 가지고 있다고 믿었습니다. 독실한 신자들은 이 개념을 당연한 상식으로 받아들였고, 죽음의 신이 네 갈래의 길을 감시하고 보호할 수 있도록 교차로마다 신의 형상을 만들어 세웠습니다. 당시 교차로는 죽음의 상징물로 여겨졌습니다. 교차로를 통과하여 공동체를 방문하는 여행

왜 옛날
스승들의
단점은
지적하지
않으세요?

객들이 전염병을 옮기는 사례가 많았기 때문입니다. 현대인의 관점에서는 우스꽝스러운 미신으로 들릴 수 있겠지만, 주기적으로 흑사병이 창궐했던 시대에 유럽에서는 모든 교차로마다 주변 마을을 보호하기 위한 목적으로 도로변에 성지를 지었습니다. 초기 종교에 내포되어 있었던 많은 개념이 현대인의 시각에서는 와닿지 않을 수도 있습니다. 수천 년 전에 살았던 조상들이 정확히 어떤 생각을 하며 살았는지 우리가 완전하게 이해하기란 아마 불가능할 것입니다. 우리는 그들을 이해하기 위해 새로운 관점에서 경전의 해석을 시도했습니다. 문자 그대로 해석했을 때 이해가 안 되는 내용에는 상징적인 의미가 담겨 있을 수 있다는 가설을 세웠고, 이 전략을 통해 많은 오해와 논란을 해소하기도 했습니다.

플라톤은 귀족이라서, 소크라테스는 프롤레타리아라는 이유로 비난을 받았습니다. 사도 바울은 여성 성직자에 대한 부정적인 관점으로, 부처는 제자들에게 세속적인 즐거움을 금했다는 이유로 욕을 먹었습니다. 공자는 예를 지나치게 강조했고, 노자는 반대로 예를 너무 무시했다고 생각하는 사람도 많습니다. 마음만 먹으면 이런 식으로 얼마든지 불멸의 스승들을 깎아내리고 손가락질할 수 있지만, 그런 일에 시간과 에너지를 기울이는 행위를 과연 정당화할 수 있을지는 모르겠습니다. '고등 비평'은 그렇지 않아도 회의론과 냉소주의의 공격으로 만신창이가 된 이상주의를 더욱 약화하는 결과를 가져옵니다. 이 영웅들의 단점보다는 장점을 발굴하고, 우리에게 도움이 되는 가르침을 취하여 삶을 헤쳐 나가는 데 활용하는 것이 훨씬 더 바람직하다고 생각합니다.

소크라테스를 만나기 위해 아테네를 방문했던 한 남자의 이야기가 있습니다. 위대한 철학자의 얼굴을 몰랐던 그는 지나가던 시민을 붙잡고 그의 생김새에 관해 물었습니다. 소크라테스 본인은 자기의 모습이 무시무시한 사티로스(신화에 등장하는 반인반수)를 빼닮아서 거리의 개들조차 꼬리를 말고 피해 다닐 정도로 못생겼다고 평했습니다. 남자는 수소문 끝에 결국 소크라테스를 만나 그를 스승으로 모시며 공부했고, 훗날 그를 '내가 지금까지 만난 사람 중 가장 아름다운 사람'이라고 묘사했습니다. 사람들은 그가 의도적으로 거짓말을 하며 스승을 미화한다고 욕했습니다. 그러자 그는 이렇게 대답했습니다. "그의 밑에서 공부하는 시간이 늘어날수록 그는 점점 미남으로 변했다." 우리도 유산으로 물려받은 고대의 지혜를 깊게 공부할수록 그 안에서 더욱 밝은 빛을 발견하게 될지도 모릅니다.

아크나톤(Akhenaten)이라는 이름으로 더 잘 알려진 이집트의 파라오, 아멘호테프 4세(Amenhotep IV)는 약 기원전 1388년에 태어났습니다. 찰스 프란시스 포터는 저서 《종교의 역사》에서 이 위대한 신비주의자를 다음과 같이 평가했습니다. "아크나톤은 세계 최초의 평화주의자, 최초의 현실주의자, 최초의 일신교도, 최초의 민주주의자, 최초의 이단자, 최초의 인도주의자, 최초의 국제주의자, 그리고 최초로 종교의 창시를 시도했던 사람이었다. 그는 시대를 잘못 타고 태어난 사람이었다. 수천 년을 앞서갔던 사람이었다." 아크나톤이 현대를 사는 우리만큼 아는 것이 많지 않았고, 다양한 주제에 관해 잘못된 지식을 가지고 있었을지도 모른다는 사실은 전혀 중요하지 않습니다. 그는 매우 헌신적이고 훌륭한 인간이었습니다. 그는 모든 인간이 평등하며, 신은 아군과 적군을 구분하지 않고 모두 사랑한다고 믿었습니다. 그는 적을 죽이기 위해 전쟁을 치르기보다는 자신의 제국이 붕괴하는 편을 택했습니다. 아크나톤의 미라가 모셔진 관의 받침대에는 다음과 같은 기도문이 새겨져 있습니다. "나는 신의 입에서 나오는 달콤한 숨결을 마십니다. 나는 신의 아름다운 모습을 매일 봅니다. 나는 신의 달콤한 음성을 듣고 싶습니다. 북풍일지라도 괜찮습니다. 신의 사랑으로 나의 사지에 생명이 깃들기를 바랍니다. 신이시여, 내게 손을 뻗어주소서. 내가 당신의 손을 잡고 일어설 수 있도록 허락해 주소서. 내 이름을 불러 영원으로 인도해 주소서."

왜 옛날
스승들의
단점은
지적하지
않으세요?

　오래된 경전과 두루마리를 읽다 보면 까마득한 과거에 이상을 꿈꾸었던 현자들과 하나가 되는 체험을 할 수 있습니다. 우리와 같은 희망을 품었던 그들은 여러모로 인간 사회의 발전에 공헌한 종교를 만들었습니다. 그들이 우리에게 전수한 지혜는 내면에서 우러나왔습니다. 우리가 내면에서 떠오른 영감과 비전을 타인에게 설명할 때 어려움을 느끼듯이, 그들도 사상을 글로 기록하는 과정에서 애를 먹었습니다. 인류에게 불을 전했다는 죄로 코카서스 산의 정상에서 사슬에 묶여 고통을 받았던 프로메테우스처럼 위대한 옛 현자들을 깎아내려야 할 이유가 무엇입니까?

　현대인의 관점에서 경전을 읽다 보면 마음에 와닿지 않는 내용도 있을 수 있습니다. 그런 구절은 넘어가도 됩니다. 성경이든 코란이든, 모세오경이든, 논어든, 그 안에는 시공간을 초월하는 진리도 담겨 있고, 현대사회에는 적용하고 어렵고 의미가 많이 퇴색된 내용도 있습니다. 세상에는 불쾌감을 느끼지 않고 열심히 성경을 읽고 공부하는 크리스천도 아주 많습니다. 성경에는 주일 예배에서 잘 다루지 않는 구절도 많습니다. 이런 구절을 주제로 설교를 하기 위해서는 영웅급의 성직자가 필요할 것입니다. 신도들의 혼란을 유발할 수 있는 미심쩍은 계시를 모두 통합하여 교통 정리해주는 것이 바로 산상수훈(Sermon on the Mount)입니다. 기독교 신앙의 핵심을 완벽하게 표현한 가르침이라 할 수 있습니다. 현대 크리스천이 산상수훈에 포함된 팔복(Beatitudes)을 다 지키며 사는 것은 사실상 불가능하다고 얘기하는 목사들도 있습니다. 이것 역시 많은 사람이 경전의 가르침에 항의하는 이유 중 하나입니다. 내가 실천하고 싶은 수준보다 더 많은 것을 요구하고 있기 때문에 부정하는 것입니다. 부담스러워서 싫다고 솔직하게 인정하는 것보다는 좋은 가르침이라도 깎아내리는 것이 훨씬 편합니다.

역사적으로 찬란했던 국가 중 영적인 종교가 없거나 저명한 철학자와 신비주의자를 배출하지 못한 국가는

왜 옛날
스승들의
단점은
지적하지
않으세요?

하나도 없었습니다. 국왕이 경전 위에 손을 얹고 대관식을 하던 시절에도 경전의 내용은 완벽하지 않았지만, 이걸 문제 삼은 사람은 없었습니다. 인간의 창조, 생명, 죽음, 부활이라는 주제가 한데 어우러져 한 편의 웅장한 교향곡을 만들어내고, 인간의 영혼에 평온과 기쁨을 가져다주었다는 점이 중요한 것입니다. 경전의 진짜 작가가 누구인지 규명하기 위해 편을 갈라 논쟁을 일삼고, 신의 손가락이 인간 세상에 나타나 불로 신성한 글귀를 새겼다는 전설의 진위를 두고 싸우는 것은 별로 쓸모가 없습니다. 어떤 경로를 통해 우리 손에 들어왔든, 경전은 약속의 땅을 찾아 끊임없이 헤매며 나아가는 우리들의 이야기를 담고 있습니다. 인간은 인격상의 결점을 안고 있으면서도 경전을 나침반으로 삼아 진리의 빛을 향해 좌충우돌하며 가파른 언덕을 오르는 존재입니다.

"진리란 무엇인가?"라는 기본적인 질문에 관해서도 사람마다 의견이 다릅니다. 하지만 인간의 가슴속 깊은 곳에 이집트인들이 '문을 여는 자(The Opener of the Doors)'라 칭했던 신비스러운 힘이 있다는 사실에는 의심의 여지가 없습니다. 종교는 많은 사람이 '신'이라 부르는 신비스러운 원천에서 비롯되어 인간의 가슴을 통해 세상에 나왔습니다. 시대를 거치면서 인간은 경전을 다른 언어로 번역하고 재번역했습니다. 그 과정에서 본래의 의미가 퇴색되기도 하고, 독실한 편집자들에 의해 내용이 변형되기도 했습니다. 지금 남아있는 것은 고대 원본의 그림자에 불과합니다. 하지만 그 그림자와 함께 시간을 보내는 것만으로도 마음이 한껏 풍요로워집니다. 바쁘고 혼란스러운 일상 중에서도 잠시나마 나의 약점을 초월하고 영원한 진리의 토대를 어렴풋이나마 체험할 수 있습니다. 그게 중요한 것입니다.

대부분 경전은 도면의 형식으로 가르침을 전달합니다. 이 가르침은 우리의 인격을 계발하는 열쇠입니다. 경전에는 우리가 꼭 알아야 할 가르침도 있고, 알면 좋은 내용도 있고, 몰라도 사는 데 큰 지장이 없는 내용도 있습니다. 전 세계 주요 종교들의 가르침을 합치면 그 안에서 우리가 오늘날 겪고 있는 거의 모든 문제에 관한 해법을 찾아낼 수 있습니다. 중국에서도 배울 것이 있고, 페르시아에서도 배울 것이 있습니다. 부처는 팔정도(八正道)를 전수했고, 조로아스터는 아베스타(Hymns of the Avesta)를 남겼습니다.

제가 이들의 단점을 캐내기 위해 시간과 노력을 허비하지 않는 이유를 이제는 좀 이해해 주셨으면 합니다. 우리는 고대의 천문학자들이 잘못 알았던 것들을 바로잡을 수 있는 과학기술을 가지고 있습니다. 따라서 그들이 범했던 실수와 오류를 되풀이하지 않아도 됩니다. 패션도 많이 바뀌었습니다. 우리는 고대인처럼 옷을 입지도 않고, 그들과 같은 사고방식으로 생각하지도 않고, 그들이 먹었던 음식을 즐기지도 않고, 그들의 성소를 찾아 순례길에 오르지도 않습니다. 하지만 그들과 똑같은 문제에 직면해 있다는 공통점은 가지고 있습니다. 우리도 그들처럼 고통을 받으며 슬퍼하고 있습니다. 우리가 그들의 문제와 꿈을 함께 유산으로 물려받은 것에 대해 감사해야 합니다.

미래에도 선지자가 출현하여 새로운 책을 쓸 것입니다. 그리고 인류는 예전에 그랬던 것처럼 그들을 박해하고, 그 이후의 세대에 이르러 뒤늦게 그들의 지혜를 칭송할 것입니다. 그때 가서도 고등 비평이 만연해 있을 것입니다. 그러니 우리가 그들의 짐을 굳이 더 무겁게 만들 필요는 없습니다. 우리의 형제 중 가장 뛰어나고 훌륭한 인격을 소유했던 자들의 삶과 노력을 허물어 버리며 욕하는 것보다는 그들이 성취한 것을 설명하고 칭송하는 것이 훨씬 더 큰 효과를 발휘할 수 있다고 생각합니다.

7
이웃 사랑을
실천하기 어려워요.

질문 #7. 이웃을 사랑하라는 가르침의 중요성을 모르는 사람은 거의 없습니다. 대부분 종교에서도 이웃 사랑을 강조합니다. 심지어 적도 사랑하라고 얘기합니다. 의학계와 현대 심리학에서도 사랑하고 사랑받는 것의 중요성을 재발견하고 있습니다. 하지만 문제는, 이웃을 사랑하라는 계명이 있지만, 그 감정을 다스리기 어렵다는 점입니다. 이웃을 사랑하는 마음을 키우는 데 도움이 되는 실용적인 조언을 해주실 수 있나요?

우선 '사랑'이라는 단어의 정의부터 생각해봐야 하는데, 처음부터 만만치 않은 딜레마에 부딪히게 됩니다. 대부분 사람에게 있어 '사랑'은 개인적으로 느끼는 애정 또는 관심의 감정으로, 외적 상황의 영향을 받는 경우가 많습니다. 내가 자연스럽게 이끌리고 쉽게 공감대를 형성할 수 있는 사람일수록 사랑하기가 쉽고, 상황에 따라 사랑의 감정도 수시로 요동을 칠 수 있습니다. 사랑에는 여러 단계가 있습니다. 의식에 대한 이해가 성숙해지면 사랑하는 마음도 성장하면서 계단을 오르게 됩니다. 따라서 나의 의식 수준보다 높거나, 내 수준에 부합하지 않는 애정의 감정을 기대하는 것은 비합리적이며, 숱한 실망의 원인이 될 수 있습니다.

신플라톤주의 철학자들은 사다리를 이용하여 애정의 여러 단계를 상징적으로 표현했습니다. 가장 낮은 형태의 사랑은 자기애입니다. 이 단계에 머물러있는 사람은 주변 사람에 대한 자발적이고 자연스러운 연민의 감정을 표현하지 못합니다. 삶의 모든 경험을 나의 욕망, 나의 목적, 나의 야망을 충족하는 관점에서만 해석하기 때문입니다. 인류는 점차 집단 차원에서 이 단계를 벗어났지만, 아직도 자기애에 사로잡혀 있는 미성숙한 영혼들도 많이 남아있습니다. 자기애의 상태에서 한 단계 성장하면 나와 가장 가까운 것, 또는 나를 표현하는 데 필요한 것들을 사랑의 대상에 포함하게 됩니다. 가족에 대한 사랑을 대표적인 예로 들 수 있습니다. 내가 소유한 물건을 사랑하는 마음이 한 단계 진보하여 가족까지 아우르게 된 것이라 할 수 있습니다. 가족은 삶의 경험을 풍부하게 해주는 환경입니다. 가족이 가까이 있으면 타인을 이해하기 위한 동기도 솟아나고, 인내하고 배려하는 마음을 가꾸는 기회도 얻게 됩니다.

  가족에 대한 사랑이 확장되면 내가 속한 공동체, 국가, 민족, 그리고 인류에 대한 사랑에까지 생각이 미치게 됩니다. 하지만 아쉽게도 대다수 사람은 이처럼 큰 규모의 집단과 감정적으로 교감하는 충분한 기회를 얻지 못합니다. 따라서 이런 대상에 대한 애정은 피부에 와닿기보다는 추상적이고, 이론적이고, 관습, 전통, 종교적 가르침의 영향을 따르게 되는 경우가 많습니다. 사랑이 이론으로 바뀌거나 내가 완전하게 이해하지 못하는 대상에 적용되면 억지스럽거나 부자연스러운 감정으로 전락하거나 아예 사랑하는 감정이 솟아나지 않을 수도 있습니다. 세상에 대한 나의 의무와 책임도 직접 느낀다기보다는 머릿속에서 논리적으로 합리화하게 됩니다. 불우한 이웃을 보고 어느 정도의 동정심은 들지만, 그 감정이 내 삶의 일부를 차지하는 수준까지 발전하지는 않습니다.

이웃 사랑을
실천하기
어려워요.

　원칙에 대한 사랑도 있습니다. 인간은 원칙을 사랑의 대상으로 삼아 가장 순수한 감정을 발산하고, 드높은 이상과 가치에 감정적으로 반응하는 역량을 가지고 있습니다. 아름다움, 진리, 지혜, 또는 자연에 대해 느끼는 애정을 예로 들 수 있습니다. 이상적인 감정 중에서도 최고는 신에 대한 사랑입니다. 가장 이상적인 사랑은 인간의 감정이 성숙해지고 다듬어지면서 최고조에 이를 때 탄생하며, 경외, 찬미 또는 신비주의적 합일의 형태로 표현됩니다.

　모든 추상적, 이상적 감정은 인간의 감정에서 태어납니다. 따라서 눈으로 볼 수 있는 형제를 사랑하지 못하는 사람은 눈으로 볼 수 없는 신도 사랑할 수 없습니다. 이 기본적인 법칙을 우회하려고 시도하는 사람도 많습니다. 가까이 있는 사람에 대한 인간적인 감정 표현은 하지 못하면서 신의 사랑 또는 인도주의적이고 이타적인 명분에 대한 애정을 체험함으로써 현실로부터 도피하고 위안을 얻으려 하는 것입니다. 하지만 이런 꼼수는 마음을 채워주지 못합니다. 사랑하고 사랑받는 체험이 기반이 되지 않은 상태에서는 신의 사랑도, 이타주의도 머릿속에서만 존재하는 이론과 개념에 불과합니다. 내가 실질적으로 느낄 수 있는 감정이 아니라는 얘기입니다.

우리가 적대감과 무관심의 본능을 극복하기 위해 노력해야 하는 이유는 무엇일까요? 사실 이 문제는 사랑뿐 아니라 인간의 모든 활동 영역과 관련이 있는 문제입니다. 부정행위를 처벌하는 법을 만들어 정직을 강요해야 하는 이유는 무엇일까요? 왜 우리는 생각이 깊고, 너그럽고, 사고가 열려있고, 관대하고, 편견에 사로잡히지 않은 사람이 되기 위해 노력해야 할까요? 쉽게 말해, 왜 우리는 항상 나쁜 행동의 유혹에 넘어가지 않도록 경계해야 할까요? 왜 올바르게 행동하는 것이 그토록 어려울까요? 사도 바울은 이 상황을 이렇게 설명했습니다. "선을 행하기 원하는 나에게 악이 함께 있는 것이로다."

이웃 사랑을
실천하기
어려워요.

　　우리가 완벽한 사랑을 할 수 없는 이유 중 하나는 우리가 완벽한 존재가 아니기 때문입니다. 나를 표현하는 것에도 한계가 있습니다. 부처는 아마 인간의 자기중심적 성향 때문에 자연스럽고, 정직하게 애정을 표현하지 못하는 것이라고 설명했을 것 같습니다. 나의 개성을 보존하기 위해 필사적으로 매달리면 내 행동도 변호해야 하는데, 내 행동 중에는 그다지 사랑스럽지 않은 것도 많습니다. 무거운 심리적 압박에 짓눌려있는 상태에서는 순수한 감정을 표현할 수 없습니다. 그런 상태에서는 정신이 숨은 동기를 품기 때문에 진실해지지도 못합니다. 나의 소중한 자기중심적 생활에 행여나 위협이 될까 봐 타인을 두려워하는 마음이 생겨납니다. 사랑이 필요하다는 사실도 인정하려 하지 않고, 지속적인 관심과 배려가 요구되는 애정 관계도 자꾸 피하려 듭니다. 사랑에 빠지면 자유를 상실하게 될 것 같은 생각도 듭니다. 공공의 이익을 위한 헌신과 협력이라는 큰 특권을 얻기 위해서는 즐거운 마음으로 개인의 자유를 희생할 수 있는 성숙함이 요구되기 때문입니다.

사랑하게 되면 고통, 슬픔, 실망, 환멸에 노출된다고 생각하는 사람이 많습니다. 그래서 이들은 에고가 상처받는 일이 없도록 가슴속 깊은 곳에 있는 감정 주변에 높은 벽을 쌓아 올립니다. 삶에서 중대한 결단을 내려야 할 때마다 감정은 피상적인 역할에만 머무르도록 단단하게 붙들어 맵니다. 하지만 모든 형태의 벽은 항상 그 벽을 세운 사람에게 위험 요소로 작용합니다. 상처받기 싫다는 이유로 벽을 높게 쌓으면 건설적이고 행복한 감정의 체험도 차단됩니다.

 모든 인간은 항상 다른 사람들에게 둘러싸여 있고, 매 순간 타인으로부터 자기를 보호할 대비태세를 갖춘 상태에서 살아갑니다. 나와 나 이외의 생명체를 분리하는 간격을 좁히기란 불가능하다는 생각이 들 수 있습니다. 게다가 환경은 시시각각 나만의 공간, 나만의 의식에 압력을 가해옵니다. 다른 사람 때문에 내가 하고 싶은 일을 못 할 수도 있습니다. 그들은 나와 다른 생각을 하고 있고, 내 의견에 동의하지도 않고, 삶에서 추구하

이웃 사랑을
실천하기
어려워요.

는 바와 목표가 다를 수도 있습니다. 성격도 나와 도무지 잘 맞질 않습니다. 이런 이유로 우리는 본능적으로 내가 이해하지 못하는 타인을 두려워합니다. 아리스토텔레스식의 논리에 빠져서 내게 상처를 주려고 하는 사람, 내 계획을 방해하는 사람은 세상 모든 사람이 나를 적대시하고 있다는 증거라고 확신합니다. 타인을 위해서가 아니라, 타인이 나를 괴롭힘에도 불구하고 고생하며 앞으로 나아가는 수밖에 없다고 생각합니다. 나에게 닥친 문제를 확대하여 해석하고, 나와 내 주변 사람들에게 있었던 안 좋은 사건들을 사례로 들어 정당화하면서 못돼먹은 인류로부터 나를 보호해야 한다는 식으로 계속 벽을 강화합니다. 삶에서 몇 차례 상처를 입은 후, 다시는 감정이 상하는 일이 없도록 하겠다고 굳게 다짐합니다. 이렇게 해서 내가 사랑하지 않는 것은 내 감정적 환경에서 점차 멀어지고, 내가 사랑할 수 없는 것에 대한 증오심과 적대감은 날로 커집니다. 그런데 타인을 향한 따뜻하고 자연스러운 감정이 사라지면 이에 비례하여 타인이 나를 대하는 자세도 차갑게 식어버립니다.

사랑하지 않으면 나도 사랑받을 수 없습니다. 타인이 내 손길을 거부하면 나도 그들의 손길을 뿌리치고, 자연스러운 감정을 억제하고, 태연함과 무관심한 태도를 유지하는 기술을 연마하면서 거짓 안전을 느끼는 사람이 너무 많습니다.

진정한 사랑의 의미를 이해해야 이 문제가 해소될 수 있습니다. 사랑이 어떤 형태로든 보상과 연결되어 있으면 불쾌한 결과를 피할 수 없습니다. 에머슨도 이 사실을 지적한 바 있습니다. 사랑하면 내 안에서 놀라운 변화가 일어나는데, 이것이 바로 사랑의 보상이라는 것입니다. 에머슨은 내가 사랑하는 대상이 애정을 돌려주지 않더라도 사랑은 중요한 것이라고 주장했습니다. 사랑은 그 자체로서 모든 것을 정화하는 감정이며, 사랑하는 사람은 모든 면에서 전보다 나은 사람으로 발전합니다. 사랑은 자아의 경계선을 초월하고, 인간에게 가장 절실하게 필요한 것을 표현하는 힘입니다. 사랑에 대한 보상은 필요하지 않고, 내가 누군가를 사랑했으니 그

이웃 사랑을
실천하기
어려워요.

사람도 내게 사랑을 돌려줘야 한다고 요구할 수 없다는 사실을 깨닫는 순간, 감정과 관련한 대부분의 아픔과 상처가 치유됩니다. 또한, 내가 알지도 못했고 끌리지도 않았던 사람이 나를 사랑하게 될 수도 있습니다. 사랑은 한다는 것 자체가 보상이기 때문에 그들에게도 이로운 일입니다. 누군가를 사랑하는 감정의 체험은 신의 사랑을 느끼는 첫걸음입니다. 사랑할 때 내 가슴에서 밝게 빛나는 빛 외에는 바라는 것이 없고, 사랑을 앞세워 타인을 옭아매거나 행동에 제약을 걸지 않는다면 사랑 때문에 상처를 받을 일도, 감정을 보호하기 위해 본능적으로 벽을 세울 필요도 없습니다.

피타고라스학파에 따르면 모든 감정은 하나의 기본적인 속성에서 비롯되었다고 합니다. 따라서 '증오'는 별개의 감정이 아니라 '사랑의 정도가 가장 낮은 상태'를 의미합니다. 다시 말해, 증오란 자연스러운 애정이 결핍된 상태, 모든 형태의 배려와 관심이 상대적으로 부족한 상태입니다. 따라서 증오는 부정적이고 죽은 감정이라 할 수 있습니다. 이런 감정은 선과 거리가 멀기 때문에 선을 창조할 수도 없습니다. 사람을 미워하는 본능을 인정하고 수용하기에는 그 대가가 너무 큽니다. 사랑하는 감정이 내 마음을 따뜻하게 해주는 긍정적인 경험과 보상을 선사하듯이, 증오는 가슴을 얼어붙게 만들고 심리적 죽음을 초래하는 형벌을 내리는 부정적인 경험입니다. 증오심은 그 구체적인 원인이 무엇이든, 상대방의 잘못된 행동 또는 그 행동에 대한 오해에서 솟아납니다. 하지만 인간에게는 사랑할 권리가 있습니다. 미움받고 있는 상황에서도 상대를 사랑할 수 있습니다. 증오를 증오로 갚는 것은 위험천만한 일입니다. 하지만 증오하는 마음을 다른 것으로 변환하는 일은 얼마든지 가능합니다.

사랑의 진짜 의미에 관한 통찰이 깊어지고, 사랑은 우리가 모두 공유하고 있는 유일한 생명에서 나온 것이라는 사실을 이해하게 되면 사랑을 존경하는 마음이 생겨납니다. 사랑은 모든 인간의 영혼을 관통하면서 영원히 흐르며, 정신과 육신을 병들게 하는 모든 질병의 궁극적인 치료제라는 사실도 알게 됩니다. 사랑하는 마음을 가로막을 수 있는 것은 없습니다. 진정한 사랑은 어떤 경우에도 고통을 안겨주지 않습니다. 사랑이라는 감정에 이기심이라는 불순물이 섞이거나 상대를 소유하고 싶은 마음, 소유되고 싶은 마음이 첨가되었을 때 고통이 생겨나는 것입니다. 순수한 사랑은 영혼 사이를 오가는 자유로운 영혼과 같은 것입니다.

고대 그리스인들에 따르면 태초에 사랑(Eros)이 혼돈(Chaos)에서 우주를 탄생시켰다고 합니다. 사랑할 권리, 사랑의 힘, 사랑하겠다는 마음은 의심과 불안감으로 혼란스러운 내 안에서도 우주를 탄생시킵니다. 사랑의 감정을 부정하는 마음은 내 안에서 탄생하지만, 사랑의 감정 자체는 우리 모두에게 주어진 신성에서 비롯됩니다. 부정적인 행동을 정당화하는 습관을 버리면 자연스럽게 내 안의 신성을 따르며 사랑하게 될 것입니다.

8
《돌아온 탕아》
우화의 의미를
설명해 주세요.

성경에 나오는 《돌아온 탕아》의 우화에서 아버지는 충실하게 자기 곁을 지킨 순종적인 아들 대신, 집을 나갔다가 재산을 탕진하고 초라한 모습으로 돌아온 망나니 아들을 위해 큰 연회를 베풉니다. 아버지의 행동에 일관성이 없는 것 같은데, 이 우화의 의미를 해석해주시기 바랍니다.

우리에게 익숙한 보상과 형벌의 개념에 정면으로 배치되는 듯한 인상을 주는 이 우화는 예전부터 해석이 어려운 것으로 정평이 나 있었습니다. 《돌아온 탕아(The Prodigal Son)》의 이야기는 신약성경 누가복음 15장, 11~32절에 기록되어 있습니다. 줄거리는 대략 이렇습니다.

두 명의 아들을 둔 아버지가 있었습니다. 어느 날 둘째 아들은 자기에게 남겨줄 유산을 미리 달라고 아버지에게 요구했습니다. 그래서 아버지는 재산을 나누어 두 아들에게 나눠줬습니다. 얼마 후 둘째 아들은 집을 나

《돌아온 탕아》
우화의 의미를
설명해
주세요.

가 외국으로 향했고, 그곳에서 방탕하게 놀며 재산을 모두 탕진했습니다. 알거지가 된 그는 굶어 죽기 직전까지의 상황에 내몰리며 고통을 체험하고, 결국 아버지에게 돌아가겠다고 결심합니다. 죄인이 되었다는 자책감에 그는 이제 아들로 불릴 자격이 없으니 종으로 써달라고 아버지에게 애원했습니다. 하지만 아버지는 초라한 행색으로 귀가한 아들을 보자마자 그를 마중하러 달려나갔습니다. 돌아온 아들에게 새 옷과 보석을 마련해주고, 큰 연회를 준비하라고 지시하며 기쁜 목소리로 소리쳤습니다. "이 내 아들은 죽었다가 다시 살아났으며, 내가 잃었다가 다시 얻었노라!" 연회 소식을 접한 큰아들은 화를 내며 동참을 거부했습니다. 그는 왜 아버지의 곁을 계속 지키며 한 번도 지시를 어기지 않은 자기를 위한 연회는 없느냐고 따지듯 물었습니다. 그러자 아버지가 대답했습니다. "너는 항상 나와 함께 있으니 내 것이 다 네 것이로되, 네 동생은 죽었다가 살았으며 내가 잃었다가 얻었기로 우리가 즐거워하고 기뻐하는 것이 마땅하다."

이 우화가 전하는 메시지를 올바르게 해석하기 위해서는 기독교 신비주의와 상징체계에 관한 배경 지식이 필요합니다. 이 우화의 핵심 주제는 유대교와 기독교 형이상학에서 중요한 개념 중 하나인 '인간의 타락(The Fall of Man)'과 관련이 있습니다. 구약성경은 에덴동산에서 살았던 최초의 인간이 신의 명령을 어긴 후 일어난 일들을 기록한 책입니다. 이는 아주 오랜 옛날, 어떤 이유로 인류가 신의 가르침으로부터 멀어졌고, 이에 따라 황량한 물질 세상에서 방랑하는 형벌을 받았음을 의미합니다. 한편 신약성경에서는 타락했던 아담(인간)이 그리스도의 목회, 죽음, 그리고 부활을 통해 갱생되는 과정을 주제로 삼고 있습니다.

《돌아온 탕아》의 우화에서 아버지는 신을 상징합니다. 그는 자기의 재산을 둘로 나눠 두 아들에게 주었습니다. 이 대목에서 세상이 두 대천사 미카엘과 루시퍼에 의해 양분되고, 두 세력 간에 천국에서 전쟁이 벌어지고, 그 과정에서 천사들의 일부가 물질 세상으로 추

《돌아온 탕아》
우화의 의미를
설명해
주세요.

락했다는 전설의 의미에 관한 단서도 얻을 수 있습니다. 아버지에게 순종한 큰아들의 이야기는 힌두교 철학에도 등장합니다. 쿠마라[10]들은 영원히 동정을 지키는 신의 아들들로, 창조 활동을 거부하고 육신을 걸치며 여러 차례 물질 세상에서 환생하는 윤회의 프로그램에 참여하지 않습니다. 둘째 아들(탕아)이 아버지를 졸라서 물려받은 재산에는 물질뿐 아니라 영적 자산도 포함되어 있었습니다. 그는 재산을 챙겨 들고 어둠과 죄악이 지배하는 지역으로 모험을 떠납니다. 그는 아버지로부터 행복을 성취하고 깨달음을 얻을 수 있는 능력을 유산으로 받았지만, 가진 것을 다 낭비하고 나쁜 짓을 일삼는 삶을 택했습니다. 그는 결국 모든 것을 잃고 영적으로, 물질적으로 파산에 이릅니다. 태초의 인간이 부패하고 타락하는 과정을 다룬 전설과 일맥상통하는 이야기입니다.

탕아는 급기야 배까지 곯는 딱한 처지에 놓이게 되고, 어둠의 땅에서 함께 흥청망청하며 어울렸던 동료들은 그를 외면합니다. 인생의 밑바닥을 친 탕아는 아버지에게 돌아가 용서를 구하겠다고 마음먹습니다. 기고만장했던 시절의 자만심이 흔적도 없이 사라진 후, 그는 자기의 잘못을 깨닫고 진정으로 뉘우칩니다. 그는 아버지가 못난 자기를 아들로 대해주리라 기대하지 않습니다. 다만 자기가 태어났던 곳에 기거하며 허드렛일이라도 하면서 봉사하는 기회가 주어지기만을 바랍니다. 예수 또한 제자들에게 주인이 되려 하지 말고 일꾼이 되라고 가르쳤습니다. 초라하고 사소한 일을 하며 생계를 유지하라고 권했습니다. 집으로 돌아온 탕아는 깜짝 놀랍니다. 아버지가 달려와서 그를 꼭 껴안고, 그가 지은 죄에 관해서는 일언반구도 없이 환대해줬기 때문입니다.

《돌아온 탕아》는 결국 인간이 성장하는 순환의 과정을 이야기의 형식으로 표현한 우화입니다. 영지주의 철학에도 같은 메시지를 전하는 이야기가 등장합니다. 《영광의 예복(The Hymn of the Robe of Glory)》은 생성의

> 《돌아온 탕아》
> 우화의 의미를
> 설명해
> 주세요.

미스터리[11]에 빠진 인간의 영혼이 자신의 원천과 기원을 망각하게 된 이야기를 다룬 우화입니다. 인간의 역량이 물질의 늪에 잠기면 통찰력을 상실하게 됩니다. 그래서 인간은 속수무책의 상태로 물질 세상에 태어납니다. 하지만 자기의 기원과 운명에 관한 직관적 느낌은 희미하게 남아있습니다.

신화에는 미덕과 진리가 세상을 지배하고 모든 생명체가 신의 사랑 안에서 행복하게 더불어 살아가던 '황금시대'에 관한 이야기가 나옵니다. 하지만 영원하지 않은 것(물질)에 취한 무지몽매한 영혼은 점차 자기 의지(self will)의 포로가 됩니다. 나만을 위하는 의지가 강해지면서 그는 신의 의지(Divine will)에 반항하고, 황무지와도 같은 물질 세상에 자기만의 왕국을 세웁니다. 그는 신과 한 약속은 거들떠보지도 않은 채 왕국을 다스리기 위한 법과 규칙을 제정하고, 물질 자산을 늘리는 일에 모든 힘과 에너지를 쏟아붓습니다. 물질을 통해 행복을 성취하고 야망을 충족시키기 위해 몸부림치는 과정에서 그가 애써 지은 왕국은 부패하고, 결국엔 모래성처럼 허무하게 무너집니다. 그는 행복을 누릴 기력마저도 상실합니다. 천국의 빛을 잃은 후, 내면에서 자라난 이기심에 의해 자멸하는 것입니다.

  영지주의의 우화에서는 인간이 원죄에 대한 형벌로 물질 세상에 추락한 것이 아니라는 점이 흥미롭습니다. 죄를 짓고 천국(에덴동산)에서 쫓겨난 것이 아니라 창조의 신비를 탐구하기 위해 물질 세상에 내려온 것입니다. 영지주의 우화의 주인공은 지식을 구하기 위해 자발적으로 아버지의 집에서 나오지만, 지식이 쌓이면서 고통, 슬픔, 환멸도 커지는 경험을 합니다. 물질의 사슬이 시시각각 그를 옥죄어오고, 그는 본인의 배도 채우지 못하면서 돼지에게 사료를 주는 신세로 전락합니다. 이집트에서 돼지는 게으름, 어리석음, 죽음을 상징하는 심볼로 사용되었습니다. 즉, 탕아는 본인의 무지에서 탄생한 것만을 섬긴다는 뜻입니다. 그는 삶의 진짜 목적을 망각하고 자기도 모르게 서서히 습지로 빠져듭니

《돌아온 탕아》
우화의 의미를
설명해
주세요.

다. 인간은 이처럼 자기 손으로 만들어낸 모든 것에 대해 실망하고 환멸을 느끼는 결정적인 순간에 영적인 통찰을 구하고 아버지의 집으로 다시 돌아가야겠다는 마음을 품습니다.

영지주의의 《영광의 예복》에서는 인간의 영혼이 깨어나는 과정을 자연적인 현상으로 묘사하지만, 신약성경의 《돌아온 탕아》의 주인공은 회개의 과정을 통해 정신을 차립니다. '회개'는 구약과 신약성경이 공통으로 제시하는 핵심 사상입니다. 누가복음의 저자는 탕아가 아버지에게 돌아가는 과정을 구체적으로 설명하지 않지만, 같은 주제를 다루는 여러 철학과 종교의 가르침에서 그의 여정을 재구성해볼 수 있습니다. 리하르트 바그너는 허상이 지배하는 마법의 영역에서 오랜 시간 헤매다가 성배를 모시는 몬살바트 성에 이르는 좁은 길을 발견하는 순수한 바보의 이야기를 다룬 오페라, 《파르지팔》을 통해 탕아의 이야기를 재현했습니다. 이 분야에 관한 깊은 식견을 가졌던 요한 볼프강 괴테 역시 걸작 드라마 《파우스트》에서 탕아의 일생을 묘사했습니다. 나이 들어 세상에 대해 실망을 느끼고 삶의 패배자가 된 파우스트는 자기의 죄를 진심으로 뉘우치고, 죽음의 순간에 천사들은 죄인임에도 불구하고 그를 천국으로 데려갑니다.

아버지의 집으로 돌아가기 위해서는 가슴 또는 정신을 통해 지혜로 향하는 길에 올라야 합니다. 동양 철학에서는 정도(正道)를 따라 걸으면 영적 존재인 인간의 내적 신비에 도달하게 된다고 설명합니다. 한편 고대 그리스의 신비주의 학교(Mystery Schools)에서는 자아를 실현하는 방법을 가르쳤습니다. 소크라테스와 플라톤도 집으로 돌아가는 신비주의의 가르침에 관해 여러 차례 언급했고, 신플라톤주의의 수련 방식도 비슷한 개념이었습니다. 전 세계 모든 문화권에서 자기가 불행한 이유를 깨달은 인간은 올바른 길로 나아가야 한다는 충동을 느끼고 삶의 방향을 전환했습니다. 욕심과 야망에서 탄생하는 고통으로부터 해방된 탕아는 한때 우습게

《돌아온 탕아》
우화의 의미를
설명해
주세요.

여겼던 영혼의 안식처로 시선을 돌립니다. 고대 그리스인들은 신들이 사원에서 실제로 살거나 중요한 종교의식을 치를 때마다 방문한다고 믿었습니다. 사원, 성소, 예배당 모두 아버지의 집을 상징하는 심볼들입니다. 석공들의 목소리와 망치 소리 하나도 없이 지어진 천국의 '영원한 집'을 의미하는 것입니다.[12]

여러 종교의 경전에 등장하는 이 우화에서 탕아는 아버지의 집을 찾아가느라 애를 먹습니다. 트로이 전쟁이 끝난 후 고향으로 귀환하던 율리시스처럼 수많은 난관에 봉착합니다. 트로이 전쟁 역시 물질적 삶의 혼란을 상징하는 사건입니다. 하지만 세 개의 세상(세 단계로 구성된 신비주의 학교 입문식)을 통과하며 방랑하던 탕아도 때가 되면 자기가 태어났던 집으로 이어지는 길을 발견합니다. 아버지의 집은 인간이 육신을 가진 존재로 태어난 곳이 아니라, 아버지(신)의 의지에 따라 인간의 영혼이 태어난 곳입니다. 죄를 짓고 돌아온 자기를 아버지가 어떻게 받아줄지 모르는 탕아의 소원은 단 한 가지, 영원의 집에서 종으로 일할 기회를 얻는 것입니다.

   이 단서를 통해 우화에 숨겨진 메시지를 풀 수 있습니다. 탕아는 신의 영원한 사랑을 상징하는 아버지가 뛰어나와 자기를 반기며 포옹하자 깜짝 놀라고, 아버지가 선사한 새 옷을 입는 신비스러운 체험을 합니다. 죄를 뉘우친 인간 역시 신의 사랑이 온 세상에 편재하고, 모든 것을 품고, 절대 거둬지는 법이 없으며, 영원히 넘쳐난다는 사실을 발견하게 됩니다. 천국은 잘못을 뉘우친 자를 손가락질하며 추궁하지 않습니다. 탕아의 아버지처럼 두 팔 벌려 반갑게 맞아주고, 그의 기력을 회복시키기 위해 성대한 연회까지 베풉니다. 플라톤의 향연과 신약성경에 등장하는 가나의 혼인 잔치도 같은 의미입니다. 성 요한이 천국에 가서 다양한 비전을 보는 이야기를 다룬 《요한계시록》도 아버지의 집으로 돌아가는 과정과 유사합니다. 요한은 일곱 개의 천국을 통과하여 하늘에 나 있는 작은 문에 이르고, 형언할 수 없는 신의 저택에 와 있다는 사실을 발견합니다.

《돌아온 탕아》
우화의 의미를
설명해
주세요.

대부분의 독자가 이 일련의 과정에 참여하지 않는 탕아의 형이 가지는 의미를 어떻게 해석해야 할지 몰라 어려워하고 있습니다. 하지만 신비주의 전통에 익숙한 사람은 아버지의 설명이 무엇을 의미하는지 쉽게 이해할 수 있을 것입니다. 고대의 가르침에 따르면 인간은 본래 천사와 같은 지위를 가진 존재였다고 합니다. 물론 이것도 우화의 관점에서 이해해야 하지만, 인간도 육신을 걸치기 전에는 눈에 보이지 않는 세상에서 살았던 순수한 영적 존재였다는 뜻입니다. 둘째 아들이 어둠이 지배하는 물질 세상으로 내려갔을 때 형(천사)은 낙원에 남았습니다. 따라서 천사들은 선과 악을 분별하는 가르침을 받는 기회를 얻지 못했습니다. 자기 의지가 없는 천사는 항상 아버지의 의지 안에서 살았습니다. 천사는 죄를 지을 수 없으므로 영원히 순수한 상태로 남아있습니다. 금욕주의자, 탁발승, 세속을 등진 수도승 등은 죄가 없는 천사의 상태로 돌아가기 위해 노력하는 사람들이라 할 수 있습니다.

이 이야기가 전하는 도덕적 교훈은 자명합니다. 물질 세상의 경험은 고통스럽고 감내하기 어렵지만, 이 과정을 거쳐야만 선과 미덕의 경지에 이를 수 있다는 뜻입니다. 악을 모르는 사람은 선도 알 수 없습니다. 선과 악이 공존하는 상황에서 선택을 내리는 기회가 주어져야 합니다. 선택의 힘을 통해서만 선을 입증할 수 있기 때문입니다. 삶을 경험하면서 선에 도달하기 위해서는 내 영혼의 신성한 고향과 아버지의 영원한 의지에 관한 기억이 잠시(물질 세상에 있는 동안) 베일에 가려져야 합니다. 나에게 주어진 내적 자산에만 의지하여 모든 형태의 존재를 체험하고, 내 앞에 놓인 수많은 길 중 선의 길을 택할 수 있을 때까지 꾸준히 성장해야 합니다. 내 의지로 선택한 것이 아니면 의미도 없고 유효하지도 않습니다. 진정으로 진리를 사랑하는 사람은 그것이 나에게 절실하게 필요하다는 사실을 인식하고, 이에 따라 진리를 구해야겠다는 자연스러운 충동이 솟아난 사람입니다. 단순히 내가 가지고 있다는 이유로 진리를 사랑하는 것이 아닙니다. 다른 것을 모두 버리는 한이 있

《돌아온 탕아》
우화의 의미를
설명해
주세요.

더라도 선한 것을 움켜쥐겠다는 자발적인 선택이 이루어져야 합니다.

　천사(인간처럼 개별화된 정신을 가지지 않은 모든 생명 포함)는 이런 선택을 할 수가 없습니다. 천사는 선과 악 중 하나를 선택할 수 없으므로 죄를 지을 수도 없고, 죄를 지을 수 없으므로 행동에 따른 형벌과 보상이라는 개념의 적용도 받지 않습니다. 그래서 아버지가 큰아들에게 이렇게 말한 것입니다. "너는 항상 나와 함께 있으니 내 것이 다 네 것이로되." 돌아온 탕아의 우화는 길을 잃고 헤매다가 다시 돌아온 자에게 더 큰 보상이 있음을 명백하게 설명합니다. 심지어 이들을 '죽었다 살아난' 사람으로 표현하는데, 이는 고대의 신비주의 입문 전통을 그대로 따른 것입니다. 고대의 입문자는 상징적인 죽음을 체험하고, 새로운 사람으로 부활하며 죽음을 정복하는 의식을 치렀습니다. 여기서 말하는 '죽음'은 물질에 대한 집착을 의미합니다. 플라톤은 "육신은 영혼을 가두는 무덤이다."라는 말로 이 개념을 설명했습니다. 그리스와 이집트에서는 입문자가 의식을 무사히 치르고 사원을 나오면 형제 입문자들이 기뻐하며 두 팔을 벌려 그를 맞아주고 연회를 베풀었습니다. 새로 탄생한 입문자에게 예복을 입혀주고, 보석과 장신구를 달아주고, 사원 밖에서 손뼉을 치며 기다리고 있는 대중에게 인사도 시켰습니다. 신비주의 가르침의 실천을 맹세한 입문자가 어렵고 위험한 시험을 통과하여 영광의 예복을 걸치는 것은 그야말로 마을 전체가 축제를 벌일만한 일로 여겨졌습니다.

기독교 신비주의에 따르면 인간은 궁극적으로 천사보다 위대한 존재로 성장할 운명을 지니고 있다고 합니다. 이제 이 말의 의미를 확실하게 이해하셨으리라 생각합니다. 미덕에는 두 종류, 또는 두 단계가 있습니다. 첫째는 선과 악에 관한 지식이 없는 상태, 즉, 순수함이고, 둘째는 근면과 헌신을 통해 선으로 악을 정복하여 쟁취하는 미덕입니다. 따라서 고대인들은 큰 위험을 무릅쓰고도 올바른 선택을 내린 사람을 칭송하고 함께 즐

《돌아온 탕아》
우화의 의미를
설명해
주세요.

거워하는 것을 당연시했습니다. 이 개념은 현대에도 적용할 수 있습니다. 오늘날 삶의 스트레스에 시달리며 지친 많은 사람이 각종 의무로부터 해방되어 휴식을 취하고 싶어 합니다. 하지만 이건 지혜로운 생각이 아닙니다. 책임을 피함으로써 얻는 승리는 없습니다. 지금, 이곳에서 시련에 맞서 싸워야 합니다. 큰 시련 속에서도 올바른 삶을 유지할 수 있는 강인한 인격을 계발해야만 합니다. 삶에서 찾아오는 경험을 일시적으로 피하는 만큼 진리에서 멀어집니다. '천국'이라는 보편적인 용어에 담긴 개념을 이해하기 위해서는 경험이 필요합니다. 삶의 경험을 통해서만 우리가 사는 우주의 질서를 제대로 인지하고 깨달을 수 있습니다.

인간은 성장하기 위해 노력하면서 수많은 미스터리를 풀고 수수께끼의 답을 찾아냅니다. 해답을 하나둘씩 구하면서 찬양의 진정한 의미도 알게 됩니다. 혼란의 상태에 빠졌던 나의 우주를 정돈하고, 평범했던 것을 다듬고 빚어 아버지의 집과 같은 모습으로 개조합니다.

탕아의 형은 아버지의 지혜로운 설명을 이해한 후 더는 토를 달지 않습니다. 그 후 탕아를 위한 축제가 진행되고, 구원받은 영혼은 새롭게 태어납니다. 그리고 아버지의 행복은 비로소 완성됩니다.

9
카르마의 교리와
기독교의 가르침이
공존할 수 있나요?

질문 #9. 저는 카르마의 교리가 상식적으로 맞는 것 같아서 믿기로 했습니다. 그런데 이 교리가 "저희를 사하여 주옵소서. 자기의 하는 것을 알지 못함이니이다."라는 예수의 가르침과 공존할 수 있습니까?

저는 카르마의 법칙이 윤리와 도덕의 근간이라고 생각합니다. 정상적으로 사고할 수 있는 사람이라면 이 말이 사실임을 얼마든지 입증할 수 있을 것입니다. 역사가 시작된 이래 모든 국가와 문명은 다양한 형태의 보상과 형벌의 체계를 만들었습니다. 이런 제도 없이는 주민의 행동을 다스리고 공익을 보호할 수 없었기 때문입니다.

카르마의 작용을 둘러싼 오해가 많습니다. 특히 서양 사람들이 이 개념을 잘 이해하지 못하는 것 같습니다. 악덕과 이에 따른 응징의 반복이 인생의 전부가 아

카르마의
교리와
기독교의
가르침이
공존할 수
있나요?

닙니다. 다시 말해, 카르마의 작용은 영구적이지 않습니다. 인간이 진리를 기반으로 행동하며 살기 시작하면 카르마의 부정적인 측면이 점차 사라집니다. 똑같은 실수를 저지르고 그때마다 벌을 받는 순환이 영원토록 이어지는 것은 아니라는 얘기입니다. 대부분 인간은 세상에 태어날 때마다 전보다 조금 더 나은 사람이 되어 떠납니다. 잘못을 저지르면 벌을 받게 된다는 교훈을 얻으면서 존재의 의미에 대한 이해도 깊어집니다. 성장이라는 것은 한마디로 '잘못을 교정하고 공덕을 확장하는 것'으로 요약할 수 있습니다.

성경에서도 우리가 사는 물질 세상에 작용하는 신성한 법칙에 관해 여러 차례 언급합니다. 구약과 신약 모두 죄에 대한 형벌은 필연적이라고 경고합니다. 단테는 《신곡》의 '지옥' 편에서 죄를 지은 자들이 사후세계에서 받게 되는 무서운 형벌을 구체적으로 묘사했고, 미켈란젤로가 시스티나 성당에 그린 그림 역시 죄인들의 끔찍한 운명을 생생하게 표현하고 있습니다. 하지만 카르마는 '영원한 지옥살이'라는 종교적 개념보다는 자비롭습니다. 카르마의 법칙에 따르면 모든 인간은 수차례의 환생을 통해 삶을 체험하고 배우면서 궁극적으로는 인격을 개조하고 구원을 얻게 된다고 합니다. 인간이 물질적 삶을 체험하면서 전보다 나은 사람으로 성장하지 않는다면 내면의 신성을 펼치는 진화의 프로그램도 존재할 이유가 없습니다. 무지에 대한 형벌이 없다면 사는 것에도 의미가 없습니다.

신약성경 마태복음 5장 48절에는 이렇게 기록되어 있습니다. "그러므로 하늘에 계신 너희 아버지의 온전하심과 같이 너희도 온전하라." 지금 세상에 사는 사람 중 이번 생에서 '온전한' 경지에 이를 예정인 사람은 거의 없을 것입니다. 사람은 쉽게 바뀌지 않기 때문입니다. 성격상의 결점을 극복하는 것도 가까운 시일 안에 이루어질 수 없고, 특히 무신론자들은 삶에 대한 비관적인 관점을 끝내 버리지 못한 채 이번 생을 마감할 가능성이 큽니다. 갓 태어난 아기가 며칠 만에 기적적으

카르마의 교리와 기독교의 가르침이 공존할 수 있나요?

로 성인이 될 수 없듯이, 인간이 온전해지는 것도 장기적인 프로젝트의 관점에서 보아야 합니다. 따라서 우리는 매일 눈에 띄지 않을 정도로 조금씩 성장하고, 여러 개의 한 걸음이 모여 천릿길을 걸은 후에 우리의 진짜 고향인 영원으로 돌아가게 된다고 가정하는 것이 합리적일 것 같습니다. 그날이 올 때까지 카르마는 공정하고 우리 삶에서 꼭 필요한 요소로 작용할 것입니다.

생각이 깊은 사람은 우리 주변에서, 그리고 우리를 통해 진화의 프로그램이 매 순간 실행되고 있다는 근거를 발견할 수 있습니다. 인류의 지난 역사를 돌이켜 보면 폭정은 항상 자멸하고, 모든 전쟁은 평화의 필요성에 관한 교훈을 선사하고, 이기주의는 예외 없이 불행으로 이어진 것을 알 수 있습니다. 우리는 작은 실수를 저지르고 나서도 본능적으로 그 일에 내포된 철학적 의미에 대해 사색합니다. 인간은 누구나 자신의 운명을 주도합니다. 실수를 인정한 후에는 바로잡고, 미덕은 더욱 강화하고 지키기 위해 노력해야 합니다. 올바른 행동에 따른 즉각적인 보상은 다름 아닌 마음의 평온이며, 장기적으로는 망상에서 해방되는 혜택을 얻을 수 있습니다. 성장은 인간의 궁극적인 운명입니다. 성장의 속도를 늦출 수는 있지만 중단할 수는 없습니다. 자기 계발에 저항하면 정신적, 육체적 고통이 뒤따릅니다. 성경에서는 십계명을 통해 이 단순한 진리를 전달하고 있고, 힌두교, 불교, 유교에도 이에 해당하는 가르침이 있습니다. 세상에는 인간에게 필요하고 적합한 법이 항상 존재했습니다. 다만 그 법을 부정하고 무시한 경우가 많았다는 것이 문제입니다.

신약성경 갈라디아서 6장 7절에는 이렇게 적혀있습니다. "스스로 속이지 말라. 하나님은 만홀히 여김을 받지 아니하시나니, 사람이 무엇으로 심든지 그대로 거두리라." 이 구절과 부처가 한 다음 말에서 서로 모순되는 점이 있나요? "수레의 바퀴가 소를 따라가듯이, 결과는 원인을 따라가게 되어있다." 원인과 결과의 관계가 신의 계획의 일부인 이상, 성경을 비롯한 전 세계 수많은

카르마의
교리와
기독교의
가르침이
공존할 수
있나요?

경전의 가르침 간에는 근본적인 모순이 없습니다.

   카르마의 법칙과 죄를 용서하라는 기독교 교리 간에도 모순은 없습니다. 범죄를 저지른 사람에게는 그 죄를 씻고 바로잡기 전까지는 자신의 도덕성이 범죄 이전의 상태로 복원될 수 있으리라고 기대할 권리가 없습니다. 죄를 용서받기 위해서는 뉘우침이 선행되어야 합니다. 말로 하는 뉘우침이 아니라, 가능한 수단을 모두 동원하여 속죄하는 진정한 뉘우침이어야 합니다. 그래야만 카르마가 사라집니다. 죄를 지은 후 나 자신을 벌하고, 필요한 교훈을 얻고, 그 교훈을 통해 전보다 나은 사람으로 성장하면 추가적인 형벌이 부과되지 않습니다. 적을 용서하지 않으면 나도 천국의 용서를 받지 못합니다. 장사하면서 저울로 사기를 치면 나도 공정한 대우를 받지 못합니다. 삶이 주는 교훈을 거부하고 치명적인 삶의 방식을 고집하면 천국도 나를 외면하고, 스스로 정신을 차릴 때까지 고통이 주어집니다.

하늘에 계신 아버지가 우리에게 직접 벌을 내리는 것은 불가능합니다. 그래서 신은 우주 전체에 걸쳐 작용하는 불변의 법칙을 만들어 놨습니다. 이 법칙은 누구도 편애하지 않고 공정하게 집행됩니다. 어떤 종교적 신념도 신과 자연의 법칙, 그리고 인간이 제정한 법 중 정당한 법을 무력화하거나 이와 타협할 권리를 가지고 있지 않습니다. 우리는 성숙한 삶이 요구하는 책임으로부터 도망치기 위해 인간이 온전한 상태에 이를 수 있도록 고안된, 시대를 초월하는 언약을 수시로 위반합니다. 행복, 부, 명예, 물질적 쾌락을 성취하는 데 정신이 팔려 사려 깊음과 헌신을 통해서만 속죄 가능한 카르마를 계속 만들어냅니다. 이 진리는 영원토록 자명합니다. 우리는 육신을 가진 존재의 삶은 유한하며, 이곳에 머무르면서 열심히 키운 나쁜 습관들은 무덤 너머의 세상에서는 아무런 힘을 발휘하지 못한다는 사실을 잘 알고 있습니다. 우리가 물질 세상에 태어날 때 가져오는 것은 내가 지금까지 쌓은 공덕과 신이 선사한 잠재력뿐이고, 떠날 때 가져가는 것은 매일을 살고 경험하며 이

카르마의
교리와
기독교의
가르침이
공존할 수
있나요?

룬 성장, 그게 전부입니다. 살면서 이 냉엄한 진리를 망각할 수는 있지만 부정할 수는 없습니다. 20세기를 살아가는 우리의 암울한 모습은 인류가 지금까지 큰 잘못을 저질렀음을 입증하는 명백한 증거입니다. 이제는 세상이 이렇게 된 것은 우리 탓이라고 솔직하게 인정해야 합니다.

초기 기독교 신도와 형제들은 세속을 등지고 이타적인 활동에 일생을 바쳤습니다. 종교계에서는 예전부터 지나친 물질주의는 비극으로 이어지기 마련이라고 강조해 왔습니다. 육신을 가진 존재의 삶이 꼭 우울하고, 외롭고, 양심의 가책에 짓눌려야 할 필요는 없습니다. 이곳에 있는 짧은 시간 동안 얼마든지 아름답고, 따뜻하고, 다정하고, 너그럽고, 평화로운 삶을 즐길 수 있습니다. 우리가 자연의 법칙을 지키면 법이 우리의 아군이 되어 운명을 향해 나아갈 수 있도록 지도하고 보호해줍니다. 방탕한 삶은 즐겁고, 결과야 어찌 되든 내 마음대로 다하면서 사는 것이 바람직하다는 생각은 실용적이지도 않고 현실적이지도 않습니다. 쓸모 있고 균형 잡힌 삶을 영위할 역량을 충분히 가진 사람들이 '자유'라는 명분을 내세워 알코올이나 마약중독자가 되어 자신의 정신과 몸을 학대하는 사례가 매일같이 늘어나고 있습니다. 모두가 자유라는 완장을 차고 돌아다니는 동안 세상은 핵무기에 의한 대재앙을 눈앞에 두게 되었습니다. 우리는 신에게 자비를 베풀어 달라고 기도하지만, 우리부터 자비로운 사람이 되어야 기도의 응답을 받을 수 있습니다. 우리가 지금까지 의도적으로 무시했거나 거부한 가치를 되찾기 위해 모든 수단과 방법을 동원해야 합니다. 하늘에 대고 기도하면서 계속 하늘의 법칙을 위반하면 불행이 사라질 수 없습니다.

질문하신 독자는 동양과 서양의 윤리체계가 상충한다고 생각하는 것 같습니다. 그래서 "저희를 사하여 주옵소서. 자기의 하는 것을 알지 못함이니이다." 구절과 주기도문의 "우리가 우리에게 죄지은 자를 사하여 준 것같이 우리 죄를 사하여 주옵시고." 구절에서 예수를 인용한 것 같습니다. 예수의 가르침은 세계의 다른 종교에도 등장합니다. 이집트의 구세주 호루스처럼 신의 독생자였던 예수는 자기의 목숨을 바쳐 속죄의 교리를 만들었습니다. 이 교리는 카르마의 개념에 배치되는 것이 아니라, 카르마와 유사한 개념입니다. 신약성경의 예수는 신과 인류의 관계를 복원하는 임무를 띠고 세상에 내려온 신의 전령입니다. 신과 인간의 관계를 회복하는 길은 하나밖에 없습니다. 법칙을 어긴 자는 잘못을 뉘우쳐야 하고, 종교는 정화되어야 하고, 성소는 다시 축성되어야 하고, 인간은 명확하고 단순한 언어로 삶의 신성한 목적을 다시금 천명해야 합니다.

우리 개개인이 해야 할 일은 내가 잘못하고 있는 것이 무엇인지 파악한 후, 잘못을 솔직하게 인정하고, 뉘우치고, 바로잡는 것입니다. 지금까지 세상을 다녀간 여러 명의 위대한 스승들이 평온함에 이르는 길을 이미 명확하게 제시해 놨습니다. 깨달은 삶의 실천으로 내 안의 신성이 해방되고, 그 신성이 복합적인 요소들로 구성된 하나의 세상이나 다름없는 인격체의 군주가 되어 나를 다스려야 합니다. 내 안의 신성은 내 인격과 성격을 구성하는 모든 하위 속성을 지배할 권한을 가지고 있습니다. 다시 말해, 내가 적을 용서해야 신도 나를 용서합니다. 나를 괴롭히고 있는 약점으로부터 해방되려면 내가 저지른 잘못을 바로잡고 진실성을 입증해야 합니다. 무지에서 비롯된 고통을 받는 인간은 어린이와 여러모로 비슷합니다. 우리는 아이가 잘못을 저질렀다고 해서 그에게 영원한 형벌을 선고하지 않습니다. 아이가 스스로 행동을 바로잡을 수 있도록 올바른 지침을 제시하며 계속 지도합니다. 오늘날 인간은 대체로 온전하지 않으며, 조만간 온전해질 가능성도 별로 없습니다. 내가 지금 뭘 어떻게 잘못하고 있는지 모르면 내가 왜 고통스러운지도 알 수 없습니다.

신은 이처럼 딱한 처지에 있는 인간을 위해 연민의 정을 품습니다. 그 징표가 바로 카르마의 법칙입니다. 우리는 카르마의 법칙을 통해 왜 나의 행동이 불행이라

카르마의
교리와
기독교의
가르침이
공존할 수
있나요?

는 결과로 이어졌는지 명확하게 파악할 수 있습니다. 천국은 성질이 급하지도 않고 쉽게 화를 내지도 않습니다. 몰라서 죄를 지은 사람을 지옥에 떨어트리지도 않습니다. 하지만 우리도 이제는 무지를 변명으로 내세울 수 없습니다. 잘못을 저지른 사람은 자기의 행동이 타인과 사회에 피해를 준다는 사실을 잘 알고 있습니다. 가르침으로 인간의 행동을 바꾸는 시도가 통하지 않으면 자연이 개입하여 학생주임 역할을 대신합니다. 50억에 가까운 세계 인구의 대다수가 일상적으로 실수를 범하고 이 중 극소수만 속죄하는 상황에서 카르마의 법칙이 없었더라면 이 큰 문제에 대처할 방법이 없었을 것입니다.

성경에 따르면 이집트에서 방탕한 생활을 일삼았던 탕아는 속죄하고 아버지의 집으로 돌아갔다고 합니다. 아버지는 잃어버렸던 아들을 되찾았다며 크게 기뻐했습니다. 《돌아온 탕아》의 우화는 인류가 현재 처한 비극적 상황을 정확하게 묘사할 뿐 아니라 속죄의 미스터리를 푸는 열쇠를 제공합니다. 말하자면 속죄의 개념을 카르마의 법칙과 직접 연계하는 우화라 할 수 있습니다. 진심으로 속죄하면 인간의 심리 구조가 완전히 바뀝니다. 하지만 위기 상황을 모면한 후 본래의 상태로 되돌아가는 일시적인 거짓 속죄라면 자연의 법칙이 회초리를 들고 다시 찾아옵니다.

이집트 전통에서 심판을 받는 망자의 영혼은 마아트[13] 여신의 깃털 맞은편에 있는 저울의 접시 위에 놓입니다. 마아트의 깃털은 평소에는 무게가 없지만, 저울 위에 놓이면 영혼의 미덕과 악덕을 두루 고려하여 저울을 움직입니다. "나는 ~하지 않았습니다."의 형식으로 되어있는 42가지의 부정 고해[14]는 입이 아니라 가슴에서 나와야 합니다. 내가 지은 죄에 대한 진실하고 완전한 속죄이자 잘못을 바로잡겠다는 확고한 의지의 표현이어야 합니다. 잘못을 바로잡는다는 것은 가볍게 여길 일이 아닙니다. 겟세마네의 동산[15]을 통과하는 고통스러운 경험일 수도 있습니다. 오래된 습관을 끊어버

카르마의
교리와
기독교의
가르침이
공존할 수
있나요?

리는 일에는 큰 고통이 뒤따릅니다. 술을 끊겠다고 맹세한 알코올 중독자는 이 말의 의미를 잘 알 것입니다. 직장생활의 기반을 통째로 흔들고 부와 명예의 포기를 요구하는 일일 수도 있습니다. 이기주의자는 겸손한 사람으로 만들고, 비행을 일삼는 사람에게는 철퇴를 가하고, 속세의 명예를 추구하는 사람에게는 환멸을 가져다 주는 일일 수도 있습니다. 이게 바로 카르마의 빚을 갚는 방식입니다. 성 프란체스코를 비롯한 초기 기독교의 아름다운 영혼들은 이 힘겨운 싸움에서 승리했고, 그 승리 안에서 이전에는 알지 못했던 영혼의 평온을 발견했습니다.

우리 중에는 생전에 진실성이 부패를 상대로 승리를 거두는 광경을 목격하게 될 사람도 있을지 모릅니다. 지금 세상은 인류가 저지른 잘못에 따른 대가에 깔려 신음하고 있습니다. 선량하고 좋은 의도를 가진 사람들도 혼자만의 힘으로 다스릴 수 없는 상황에 말려들어 함께 고생하고 있습니다. 하지만 지금, 이 순간에도 우주의 법칙이 정확하게 작용하고 있다는 사실에는 의심의 여지가 없습니다. 세상을 정복했다며 기세등등해 있는 사악한 자들이 하나둘씩 정상에서 밀려나고 있습니다. 누군가 이솝에게 신들이 하는 일이 무엇이냐고 물었을 때 그는 이렇게 대답했습니다. "위대한 자들을 끌어내리고 초라한 자들을 끌어올리는 것이다." 지금이 바로 이 끌어올림이 많은 이들에게 용기를 불어넣을 수 있는 시점입니다.

삶의 유용한 철학을 발견하는 길은 많습니다. 동양과 서양, 고대와 현대, 어떤 길이든 같은 원리를 전하지만 표현의 방식에 차이가 있어서 다르고 복잡하게 보일 뿐입니다. 맥스 뮐러는 이렇게 말했습니다. "어린아이를 거짓 인간이라 부를 수 없듯이, 거짓 신과 거짓 종교라는 것도 없다." 어떤 사람에게는 단순하고 직설적인 가르침, 자연스럽게 다가갈 수 있는 도덕적 가르침이 필요합니다. 반면 보통 사람은 이해하기 어렵고 일상에서 적용하기 어려운 정교한 신학 체계에서 가르침을 발

카르마의
교리와
기독교의
가르침이
공존할 수
있나요?

견하는 사람도 있습니다. 그런가 하면 엉망진창 상태인 개인적 삶부터 바로잡음으로써 진리를 향한 여정을 시작하겠다고 다짐하는 사람도 있습니다. 이들은 평온한 마음을 올바른 삶의 보상으로 여기지 않고, 올바른 삶 그 자체를 보상으로 여기며 매사에 감사한다는 특징을 가지고 있습니다. 어떤 단어와 형식으로 표현하든, 카르마의 법칙은 천국이 매 순간 우리를 굽어 살펴보고 있다는 증거입니다. 세상에는 천성적으로 제 앞가림을 잘하며 성장하는 아이도 있고, 지속적인 훈육과 지도를 통해서만 올바른 길로 나아갈 수 있는 아이도 있습니다. 일꾼이 그 삯을 받는 것은 마땅하지만[16], 서툰 솜씨에 대한 보상은 없습니다. 누구나 살면서 내면으로부터 나오는 강력한 압박을 체험합니다. 이 문제를 해결하는 사람은 평온을 얻고, 무시하는 사람은 인생이 나락으로 떨어지는 형벌을 받습니다.

초기 기독교 신앙과 스승들의 가르침에는 대리 속죄[17]라는 개념이 전혀 없었습니다. 신앙의 가르침과 상반되는 행동을 지속하면서 영원한 자비에 의해 구원될 것이라는 기대는 꿈도 꿀 수 없었습니다. 나의 잘못을 바로잡겠다는 결심으로 이어지는 어떤 동기가 있어야만 했습니다. 진정한 속죄 없이는 구원도 있을 수 없었습니다. 이것은 인과관계 법칙의 또 다른 표현일 뿐입니다. 잘못을 깨닫고, 속죄하고, 종교적인 삶을 실천했을 때 비로소 물질의 속박에서 벗어날 수 있는 것입니다.

신비주의 신학에서는 속죄(atonement)를 '신과 하나가 되는 것(at-one-ment)'과 동일시했고, 신과 하나가 되었을 때 기나긴 순례의 여정도 끝난다고 보았습니다. 이는 개체로서의 인간이 소멸한다는 것이 아니라, 신의 계획과 하나가 되어 뗄려야 뗄 수 없는 상태가 된다는 뜻입니다. 즉, 자기중심적인 성향이 사라지고, 본래부터 하나였고 분열될 수 없는 우주로부터 독립하기 위한 무모한 발버둥이 종말을 고한다는 뜻입니다. 깨닫지 못한 사람은 이 과정에 저항하며 법칙을 부정하지만, 우리가 궁극적으로 이 상태에 도달하도록 옆에서 도움을

카르마의
교리와
기독교의
가르침이
공존할 수
있나요?

주는 것이 바로 카르마입니다. 이 시점에서 많은 사람이 잘 모르고 있거나 공감하지 못하는 인과관계 법칙의 한 단면을 설명하는 것이 좋을 것 같습니다.

대다수 어린이는 우리가 잘 모르고 이해하지도 못하는 시기를 통과합니다. 이 시절의 아이들은 이런 얘기를 종종 합니다. "1주일 동안 착하게 지냈는데 그때는 아무도 알아주지 않고, 작은 실수 하나 저질렀더니 엄마한테 크게 혼났어." 많은 사람이 인간은 행복해지기 위해 세상에 태어났다고 생각합니다. 따라서 이번 생이든 아니면 전생이든, 잘못한 것 가지고 벌을 받는 것은 불공정하고 비합리적이라고 항변합니다. 하지만 카르마는 형벌의 동의어가 아닙니다. 악을 행하면 필연적으로 형벌이 뒤따르고, 선을 행하면 보상이 주어지는 것이 불변의 법칙입니다. 우리에게 생기는 좋은 일들은 모두 우리가 과거의 선행으로 만들어낸 원인의 결과입니다.

하지만 나에게 생긴 좋은 일, 좋은 특권을 남용하면 새로운 카르마가 생성됩니다. 궁극적인 깨달음에 이르는 것도 오로지 인과관계의 법칙을 통해서만 가능합니다. 우주의 모든 것을 관장하는 법칙과 조화를 이루며 행동했을 때 깨달음이라는 결과가 필연적으로 탄생하는 것입니다. 부처는 이렇게 말했습니다. "악행을 중단하고, 선행을 쌓고, 마음을 정화하라." 어떤 종교도 이 가르침을 부정할 수 없을 것입니다. 경쟁은 자기 파괴의 속성을 가지고 있으므로 생존하지 못합니다. 분쟁도 같은 이유로 영원할 수 없습니다. 잘못된 행동은 카르마에 의해 계속 이에 상응하는 부정적인 결과로 이어지므로 영속될 수 없습니다. 진리만이 불멸의 속성을 지녔고, 궁극적으로 선이 악을 상대로 승리를 거둘 수밖에 없는 이유도 바로 여기에 있습니다.

이것이 카르마의 진짜 가르침입니다. 바람을 심으면 회오리바람을 수확하게 되어있습니다. 선택은 언제나 우리에게 달려있습니다. 천국은 우리에게 미덕을 강요할 수 없지만, 우리가 미덕의 중요성을 발견하고 실천하면 크게 기뻐합니다. 깨달음에 이른 동양의 현자와 서양의 신비주의자는 영원한 지옥살이라는 서양 종교의 개념을 인정하지 않습니다. 성장에 저항할수록 슬픔과 성장통도 커집니다. 내 문제는 내가 만들어낸 것이므로 해결도 내가 해야 합니다.

십자가에 매달린 예수가 "저희를 사하여 주옵소서. 자기의 하는 것을 알지 못함이니이다."라고 말한 것은 카르마의 관점에서 봤을 때 아주 정확한 표현입니다. 내가 어떤 식으로든 남에게 피해를 보았다면 모든 종교의 기본적인 가르침을 무시하고 복수를 시도하는 잘못된 선택을 내리거나, 가해자가 자신의 행동에 따르는 대가를 모르거나 이해하지 못해서 저지른 짓이라고 판단하는 올바른 선택을 내릴 수 있습니다. 복수는 우리의 몫이 아닙니다[18]. 때가 되면 카르마가 완벽하게 채무 관계를 정산합니다. 카르마의 법칙에 따르면 내가 용서하면 나도 용서를 받습니다. 내가 상처를 입었다고 해서 세상에 더 많은 상처가 필요한 것은 아닙니다. 생각이 깊은 사람이라면 분노를 초월하고 진실성에서 안식처를 찾아야 합니다. 내가 용서받기 원한다면 타인의 무지를 용서할 수 있어야 합니다. 카르마에 대한 믿음과 확신은 극단적인 행동을 자제하도록 작용하며, 동기를 정화하고 운명을 실현할 수 있도록 우리를 단련시킵니다.

10
경쟁심이 사라지면
문명의 발전도
멈추지 않나요?

제가 잘 이해한 것인지 모르겠지만, 선생의 강의 중 '경쟁심'은 인간의 자산에 포함되지 않는다는 말을 세 번 이상 들은 것 같습니다. 인류는 모든 분야에서 경쟁을 통해 눈부신 발전을 이룩했습니다. 모두가 똑같이 사랑하고, 진실하고, 이타적인 유토피아의 세상에서 경쟁마저 사라지면 삶의 동기도 사라지지 않을까요? 이게 바로 현자들이 '천국' 또는 '열반'이라 칭했던 개념입니까?

경쟁심이 많은 인간관계의 중심으로 자리를 잡은 것은 사실이지만, 경쟁이 사회 발전의 동력이었다는 주장에는 합리적으로 의심할만한 요소들이 있습니다. 최근 몇 년간 경쟁은 인간 사회를 지배하기에 이르렀습니다. 소위 말하는 정치, 산업, 경제 분야의 발전을 이룩하겠다는 경쟁으로 인해 인류는 지금 멸종 위기에 처하고 말았습니다. 남보다 높은 지위를 확보하기 위한 경쟁은 우리에게 불안과 위험만 가져다줬습니다.

모든 인간이 타인을 지배하기 위해 태어난 것이라면

경쟁심이
사라지면
문명의 발전도
멈추지
않나요?

우리가 궁극적으로 맞게 될 결과는 혼란뿐입니다. '적자생존(適者生存)[19]'의 개념을 이해하기 위해서는 '적합(適合)하다'라는 말의 정확한 정의부터 내려야 합니다. 거만하고, 탐욕스럽고, 주변 사람들 위에 군림하는 일에만 관심이 있는 사람들은 매력적인 집단이 아닙니다. '적합'하다는 말은 단지 신체적인 체력을 의미하는 것도 아닙니다. 그리고 '평등'하다는 것도 모든 인간이 똑같은 능력을 소유하고 있다는 뜻이 아닙니다. 모든 인간은 저마다 독특한 능력과 소양을 지니고 태어났습니다. 각자에게 주어진 재능을 계발하는 과정에서 갈등이 있어야 한다는 법은 없습니다. 어떤 사람은 음악가가 될 수 있고, 화가가 되고 싶은 사람도 있고, 시인이 되는 길을 택하는 사람도 있습니다. 다양한 그룹에 속한 사람들이 경쟁하면서 자기 또는 상대를 낮추는 행위는 정당화될 수 없습니다. 다양성은 신의 사랑을 입증하는 징표입니다. 관리가 잘 되는 정원에서 자라는 꽃을 보면 모양, 크기, 색, 향기가 다 제각각입니다. 꽃의 모습이 다채로워서 우리가 아름답다고 느끼며 즐거워하는 것입니다. 모든 생명은 내면에서 이루어지는 성장을 통해 자아를 실현합니다. 모든 생명은 일종의 예술가라 할 수 있습니다. 러디어드 키플링의 말을 빌리자면, "모든 생명 안에 거하는 신을 내가 본 모습대로 그리는 화가"인 셈입니다.

물질적 관점의 경쟁이 우주의 계획과 부합하지 않는다는 결정적인 근거는 '일상적인 삶은 독재지만, 죽음은 민주적'이라는 사실입니다. 나의 이익을 위해 타인을 상대로 저지른 모든 죄는 내가 사후세계에서 짊어져야 하는 무거운 짐으로 작용합니다. 개인적인 이익을 극대화하기보다는 영원의 세상에서 모범 시민으로서의 책무를 다하는 것이 훨씬 중요합니다.

인류가 지금껏 시도했던 유토피아의 실험이 하나같이 실패한 원인은, 경쟁을 최고의 덕목으로 삼는 사회에서 협력을 바탕으로 하는 공동체를 만들려 했기 때문입니다. 유토피안들은 비전을 실현하기 위해 각종 규칙

경쟁심이
사라지면
문명의 발전도
멈추지
않나요?

과 규정을 만들어냈고, 그 결과 인간의 야망(ambition) 뿐 아니라 열망(aspiration)까지 억제하는 우를 범했습니다. 한편 사회적 공동체를 부활시키려는 현대의 노력은 주로 정상적인 시민으로서의 책무로부터 도피하고 싶은 사람들의 관심이나 끌고 있는 현실입니다. 서반구를 식민지화하는 계획도 본래는 유토피아의 건설을 목적으로 하고 있었습니다. 윌리엄 펜[20]은 아메리카 대륙의 개척을 '신성한 실험'으로 묘사했습니다. 이상주의자들이 신대륙에서 도덕이 지배하는 사회를 건설하고 유럽에 만연했던 독재와 갈등으로부터 자유로워지는 기회를 얻을 수 있으리라 생각했습니다. 하지만 시간이 흐르면서 서반구는 종교와 세속적인 것을 둘러싸고 치열한 경쟁을 펼치는 새로운 경기장으로 둔갑했습니다. 인간이 근본적으로 바뀌지 않으면 이익을 위해 원칙과 타협하는 행태는 계속될 수밖에 없습니다.

현대사회는 치열한 경쟁의 비극적인 결과를 유산으로 물려받았습니다. 인류는 아주 오래전부터 경쟁에서 승리하기 위해 물리적 힘을 도구로 삼아 약소국을 정복했습니다. 개인의 삶도 이익을 위해서라면 어떤 대가도 치를 각오가 되어있다는 기세로 운영되고 있습니다. 20세기를 사는 우리는 통제되지 않은, 통제할 수도 없는 이기심과 욕망의 결과로 탄생한 재앙을 집단 차원에서 맞이하고 있습니다. 따라서 적자생존이라는 말이 정확히 무엇을 의미하는지 다시 한번 생각해봐야 합니다. 가장 강력한 핵무기를 많이 보유한 국가가 '적자'인가요? 그렇다면 '적합한 것'이 인류를 멸망으로 이끄는 것은 당연하다는 사실도 받아들여야 합니다. 지금보다 나은 사람이 되기 위해 자기를 계발하는 것은 좋은 일입니다. 하지만 내가 성장하기 위해서 나 자신과 남에게 피해를 줘야 하는 것은 아닙니다. 우리의 파괴적인 성향을 다스리고 치유하는 방법은 올바른 교육입니다. 필요한 지식을 습득함으로써 나 자신은 물론이고 내 주변 환경의 개선에 공헌하겠다는 영감도 얻을 수 있습니다. 하지만 고등교육조차 성공하기 위해서는 타인을 좀 밟아도 된다는 식으로 가르치는 상황에서 올바른 방향

경쟁심이
사라지면
문명의 발전도
멈추지
않나요?

으로의 개혁은 불가능합니다.

오늘날 다윈의 이론은 많은 논란에 휩싸여 있습니다. 인간은 두 발로 걷는 깃털 없는 동물에 불과하다는 플라톤의 설명도 과학계에서 권위를 잃어가고 있습니다. 인간이 생존을 위해 정글의 법칙을 따르며 포식자처럼 행동해야 한다는 법은 어디에도 없습니다. 동물도 아주 기초적인 진실성을 본능적으로 갖추고 있는데, 어떤 이유에서인지 인간은 이 중요한 유산을 물려받지 못한 것 같습니다. 호랑이 어미는 새끼들을 보호하기 위해 자기 목숨까지 바칩니다. 원앙과 같은 새는 짝을 맺은 후 부부가 평생을 함께하며, 한 마리가 죽으면 다른 한 마리도 얼마 가지 않아 따라 죽습니다. 욕망은 인간에게서만 발견됩니다. 지구상의 생명 중 인간이 가장 많은 '특권'을 누리고 있는 것처럼 보입니다.

예전에 고대 그리스에서 올림픽 경기를 관람하던 한 사내가 경기장에서 만난 시민과 대화하면서 자기는 솔직히 말해 스포츠에 별로 관심이 없다고 얘기했습니다. 스포츠광이었던 상대방은 올림픽 선수 중에는 물고기처럼 자유자재로 물속을 헤엄치고, 호랑이처럼 빠르게 달리고, 코끼리처럼 무거운 짐을 들 수 있는 사람도 있다며 흥분된 어조로 말했습니다. 그러자 사내는 고개를 절레절레 흔들며 차라리 학문에 소질이 있고, 위대한 음악을 작곡하고, 공익을 위해 헌신하는 사람들에게 상을 주는 것이 더 나을 것 같다고 말했습니다. 제가 보기에는 이 사내의 말이 상당히 합리적인 것 같습니다.

이 시점에서 보상의 요소에 관해서도 생각해 보는 것이 좋을 것 같습니다. 대부분 사람은 놀라운 업적을 이룬 자에게 보상이 주어지는 것은 당연하다고 생각합니다. 일정 범위 내에서는 맞는 말입니다. 하지만 보상이 금전적인 것으로 한정되면 문제가 복잡해집니다. 오늘날 필수품과 사치품을 불문하고 모든 물품의 가격이 다 높게 치솟고 있습니다. 인플레이션이 경제에 타격을 준 상황에서 보상도 적절하게 분배되지 않고 있습니다. 홍

경쟁심이
사라지면
문명의 발전도
멈추지
않나요?

보에 능하면 평범한 것도 지나칠 정도로 과한 보상을 받고, 정직하게 노력해도 홍보가 부족하면 심각한 피해를 보는 세상입니다. 보상 시스템이 사치스러운 삶, 천연자원의 낭비, 환경의 오염을 부추기는 것은 바람직하지 않습니다. 진실하지 않은 사람이 부자가 되면 방탕한 삶에 돈을 낭비하고, 궁극적으로는 반란, 범죄, 테러리즘의 씨앗을 뿌리는 결과를 불러오게 됩니다.

고대 그리스에서는 창조 예술의 발전에 공헌한 시민에게 월계관을 씌워주고, 대중의 박수갈채를 받으며 중심가를 행진하는 영광을 선사했습니다. 업적을 이룬 사람은 대중의 인정을 받았다는 사실 자체를 보상으로 여기며 감사했습니다. 동양에서는 재주가 많은 이야기꾼을 무형문화재로 지정하고 소정의 연금을 지급합니다. 이 외에도 많은 나라에서 과도한 금전적 보상 없이 훌륭한 시민에게 영광을 돌리는 전통을 확립했습니다. 제가 보기에는 사회 발전에 공헌한 바가 그리 크지도 않은 사람을 백만장자로 만들어주는 것보다는 과거의 방식이 더 합리적인 것 같습니다. 오늘날 세상은 금전적 이익을 위해 법적 소송이라는 수단까지 남발하며 경쟁하고 있습니다. 꼭 경쟁해야겠다면 차라리 은으로 도금한 트로피나 예쁘게 문구가 새겨진 상패를 얻기 위해 경쟁하는 것이 훨씬 낫겠다는 생각이 듭니다. 물질주의가 부상하면서 진실성의 가치는 크게 절하되었고, 치열한 경쟁이 새로운 가치가 되었습니다. 부의 개념도 왜곡되었습니다. 부는 정직하게 땀 흘려 얻는 보상이 아니라 사기와 부정으로 취하는 전리품 신세로 추락했습니다. 오늘날 진보를 향해 나아가는 길은 빈 맥주병과 캔으로 뒤덮여 있습니다.

우리가 사는데 필요한 것은 조작이나 착취 없이도 얼마든 구하고 누릴 수 있습니다. 주식 시장과 외환 거래의 미스터리와 고통은 우리가 인위적으로 만들어낸 것입니다. 아주 오래전에 자기가 지구를 샀다고 주장했던 로마의 부호가 있었습니다. 《리플리의 믿거나 말거나(Ripley's Believe It or Not)》 만화에서도 이 내용을 다루

> 경쟁심이
> 사라지면
> 문명의 발전도
> 멈추지
> 않나요?

었었는데, 그는 거만하게 굴다가 결국 암살되는 운명을 맞았던 것으로 기억합니다. 간혹 세상을 정복하겠다는 군인이나 자기가 책임지고 행성의 미래를 통치하겠다고 주장하는 정치 이론가가 등장하곤 합니다. 이런 생각을 했던 사람 중 여태껏 성공한 사람은 한 명도 없습니다. 이들이 정복할 수 있는 것은 공동묘지밖에 없습니다.

독자께서는 동양 철학에 등장하는 열반의 교리가 인격 계발의 동기를 빼앗아가지 않겠느냐는 질문을 해 주셨습니다. 불교의 열반이라는 개념은 애초부터 정치 시스템과 아무런 관련이 없었습니다. 열반은 '행복과 안전은 산업의 경쟁이 아니라 생존의 희망이라는 궁극적인 동기에서 나온다.'라는 사실을 강조하는 개념입니다. 세상이 우리에게 평화를 가져다주는 것이 아닙니다. 평화는 진보의 진정한 의미를 깨달은 헌신적인 사람들의 가슴과 머리에서 나오는 것입니다. 우리는 기술의 발전이 곧 진보라 여기며, 상업화의 대가에 대해서는 깊게 생각하지 않습니다. 미래를 보호하는 방법에는 크게 두 가지가 있습니다. 더 많이 갖거나, 덜 필요로 하거나, 둘 중 하나입니다. 모두가 더 많이 갖는 것은 불가능하다는 사실이 자명해지고 있으므로 이제는 필수 자원의 소비를 적절하게 분배하는 문제를 고민해야 합니다.

진보는 천연자원을 얼마나 많이 고갈시켰느냐가 아니라 인격을 얼마큼 계발했는지를 기준으로 평가해야 합니다. 지금과 같은 식으로 계속 가다가는 '미덕이 강요되는' 날이 올 것입니다. 환경을 파괴하고 천연자원을 거덜 낸 후, 생존하기 위해 내면의 자원을 끄집어내고 다듬어야만 하는 날이 올 것입니다. 내가 더 부자가 되려면 다른 누군가가 더 가난해져야 합니다. 하지만 더 지혜로워지는 것은 타인의 생존과 안전을 위협하지 않으면서도 얼마든지 가능합니다.

인류는 이미 오래전에 물질 재산의 축적이 얼마나 덧

경쟁심이
사라지면
문명의 발전도
멈추지
않나요?

없는 일인지 깨달았습니다. 이승에서 모은 재물을 사후 세계로 가져가려고 했던 시도도 물론 있었습니다. 고대 이집트인들은 서거한 파라오가 저승에서도 영광을 누릴 수 있도록 수많은 사치품과 함께 시신을 매장했습니다. 무덤 너머의 세상에서도 이승에서와 같은 생활 수준을 즐기는 것을 당연시했습니다. 중국에서도 사정은 비슷했습니다. 실물 크기의 군사들로 구성된 군대를 흙으로 빚어 황제의 유해를 영원히 지키도록 한 사례도 있습니다. 고대 북유럽에서는 이승을 떠난 영웅들이 봉분 안에서 동료들과 흥청망청 먹고 마시며 즐긴다고 생각했습니다. 하지만 점차 망자가 소유했던 물건은 사후 세계로 가져갈 수 없고, 따라서 이승에서 필요 이상의 재물을 모으는 일에도 명분이 없다는 생각이 솟아나기 시작했습니다.

세월이 흘러 인류는 물질적으로 소유한 것은 엘리시움으로 가져갈 수 없다는 결론에 도달했습니다. 여기에 실용적인 요소까지 더해졌습니다. 자식과 상속자들이

가보가 망자와 함께 영원히 묻히는 것을 꺼리기 시작한 것입니다. 게다가 도굴꾼들이 기승을 부리며 심지어는 장례식이 끝난 지 얼마 되지도 않은 시점에 무덤을 파헤치고 보물을 훔치는 사례도 늘어나기 시작했습니다. 그래서 깨어있는 후손들은 돌아가신 부모가 진짜와 가짜를 구분하지 못할 것이라는 가정하에 그들이 생전에 아꼈던 물건과 똑같은 모조품을 흙으로 빚어 함께 매장했습니다.

스틱스강 맞은편에 있는 사후세계에서도 경쟁이 의미가 있을 것이라고 진심으로 생각하는 사람은 거의 없을 것입니다. 인간은 불멸의 속성을 가진 우주 시민이라고 가정한다면 살면서 부와 명예를 추구하는 것보다 더 중요한 일이 분명히 있을 것입니다. 사후세계란 존재하지 않고 육신이 죽으면 모든 것이 끝난다고 가정한다면 경쟁은 완전히 무의미한 것이 됩니다. 반대로 육신이 죽은 후에도 영혼이 살아남아 사후세계로 나아간다면 신의 계획은 절대로 상업화될 수 없다는 사실을

경쟁심이
사라지면
문명의 발전도
멈추지
않나요?

깨닫게 될 것입니다.

    경쟁 없이는 진보도 있을 수 없다고 믿는 사람이 많습니다. 따라서 '진보'의 정확한 속성과 본질도 따져 볼 필요가 있습니다. 인간은 위험천만한 세상에 태어나 우왕좌왕하다가 무덤에 이르러 허무하게 사라지는 존재라는 생각은 비합리적입니다. 중세시대의 성직자들은 《죽음의 무도(Dance of Death)》라는 상징체계를 만들어 부, 직업, 분야, 국적, 신앙 등을 불문하고 모든 인간이 종국에는 북 치는 해골바가지의 장단에 맞춰 무덤을 향해 행진하게 되어있다고 설명했습니다. 현대의 기업인들은 이 생각에 반기를 들겠지만, 해골을 따라가는 사람들의 행렬에는 성공한 기업인의 모습도 보입니다. 이게 진보의 모습이라면 인류는 잔인한 농담의 희생자에 불과합니다. 중세시대에 유행했던 또 다른 작품인 《바보들의 배(Ship of Fools)》에 탄 선원들처럼 목적지 없이 표류하는 가엾은 영혼과 하나도 다를 바 없습니다.

성경에서는 도둑이 훔칠 수도 없고 불행이 빼앗아갈 수도 없는 천국에 보물을 쌓아 두라고 조언합니다.[21] 부와 명예를 쌓는 것보다는 인간의 잠재력을 실현하기 위해 노력하는 것을 진정한 진보로 정의하는 것이 마땅하지 않을까요? 지금까지 인간이 정신의 힘으로 성취한 업적을 되돌아보면 불멸의 속성을 가진 우리 영혼의 잠재력에는 한계가 없다는 것을 쉽게 알 수 있습니다. 그렇다면 상업적인 차원에서 우위를 점하기 위해 경쟁하는 것보다는 삶의 질을 높이는 것을 진보로 정의하는 것이 더 정확하지 않을까요?

제가 보기에는 다른 나라보다 더욱 강력한 무기를 개발하는 것보다는 우리의 생각, 감정, 행동의 수준을 높여 전쟁이 발발하는 원인을 바로잡는 것이 진짜 진보인 것 같습니다. 진보를 단순히 기술의 발전으로 한정하면 윤리, 도덕과 타협할 가능성이 큰 경쟁 프로그램을 위해 인간성을 제물로 바치게 됩니다. 모든 생명이 신의 축복을 누리며 살 수 있는 우주를 선물로 받았는데, 우

경쟁심이
사라지면
문명의 발전도
멈추지
않나요?

리는 이를 외면한 채 차가운 가슴으로 자원을 착취하며 자유인 대신 노예처럼 사는 것을 자초하고 있습니다.

서양의 경제 이론에 물들기 전까지만 해도 동양 사회에서는 철학을 공부하고, 봉사하고, 서로를 섬기며 사는 것을 최선의 삶으로 여겼습니다. 하지만 우리 서양인들은 현대의 교육 시스템을 통해 신의 계획으로부터 멀어지고 근시안적인 목표에만 집착하도록 세뇌되었습니다. 윤리적으로, 도덕적으로 후퇴하면서 동시에 진보한다는 것은 불가능합니다. 양심을 배신하면서 어떻게 더 나은 사람이 될 수 있겠습니까?

현대적 해석에 따른 진보와 경쟁이 가정을 지배하면 과연 어떻게 되겠습니까? 엄마와 아빠가 경쟁 관계에 있으면 집안이 어떻게 될까요? 아이들이 더 복잡하고 비싼 비디오 게임을 진보라고 생각하면 어떻게 될까요? 할머니와 할아버지가 의리, 책무, 도덕적 책임 따위와 행동에 따른 대가는 잊어버리고 돈과 명예를 위해 모든 것을 다 바쳐야 한다고 입을 열 때마다 훈수를 두면 어찌 될까요? 에드워드 불워 리튼 경[22]이 예전에 돈 외에는 세상에 중요한 것이 하나도 없다고 아들에게 교육한 아버지의 이야기를 들려준 적이 있습니다. 아버지의 가르침을 문자 그대로 받아들인 젊은 아들은 유산을 일찍 받기 위해 아버지를 죽였습니다. 물질에 집착하는 순간, 우리는 우주의 법칙에 정면으로 도전하는 우를 범합니다.

서양에는 내면의 평온을 체험할 기회가 그리 많지 않습니다. 유럽인과 미국인들이 요즘 동양의 신비주의에 매료되고 있는 이유 중 하나도 동양에서는 영혼의 평온을 강조하기 때문입니다. 교양있는 서양 사람들은 일본의 정원, 꽃꽂이, 다도 같은 문화를 높게 평가합니다. 아름다움에 공감하는 것도 다년간의 노력이 필요한 일입니다. 예전에 제가 아는 한 일본인 신사가 자기 딸 얘기를 해준 적이 있습니다. 일본에서 자식을 대학 보내려면 그렇지 않아도 돈이 많이 드는데, 꽃꽂이 수업은

> 경쟁심이
> 사라지면
> 문명의 발전도
> 멈추지
> 않나요?

대학 학비의 두 배가 넘는다는 것이었습니다. 렌게지[23] 같은 사원의 정원에 조용히 앉아 사색에 잠기면 '진보'에 대한 스트레스에서 벗어날 수 있습니다. 시간과 공간이 사라지고, 고요함과 아름다움이 영혼을 파고들며 나를 충전합니다.

아름다운 자연에 둘러싸인 조용한 환경에 있다 보면 진보의 진정한 의미를 깨달을 수 있습니다. 시간의 차원에서 살고 있으면서도 영원을 느끼게 됩니다. 서양인이 내면의 평온을 이해하기란 쉽지 않은 일이지만, 이웃 위에 군림하고 세상을 정복하려는 충동을 정복한 사람에게는 가능합니다. 맹자는 아이의 마음, 즉, 동심의 중요성을 강조한 바 있습니다. 세상에 태어난 지 얼마 되지 않은 아이에게는 진보의 개념이 없습니다. 아이는 자기가 살아있고, 자기를 사랑하는 사람들의 보호를 받고 있다는 것만으로 평온과 안전을 느낍니다. 나이가 좀 들어서 개인적 야망의 쓴맛을 알게 된 후에야 비로소 환멸을 느끼게 되죠. 그런 과정을 거치며 인지 부조

화가 생겨나고 '진보'의 짐이 더욱 무거워집니다.

뭔가 해보겠다는 동기조차 필요 없다는 얘기가 아니라, 현대의 '성공 심리학'에 완전히 빠진 상태에서는 잠재력을 온전하게 실현할 수 없다는 얘기입니다. 예전에 가진 재산을 다 날리고 가정까지 깨진 사람이 제게 이런 말을 한 적이 있습니다. "나는 성공한 패배자다." 그는 속세의 경쟁에서 낙오한 사람이었습니다. 직장생활에서도 실패를 거듭했습니다. 그 후 단순한 삶의 중요성을 깨달은 그는 작은 농장을 하나 샀고, 야망이 크지 않은 여성과 재혼했습니다. 제가 마지막으로 들은 바로는 지금까지도 오순도순 잘살고 있다고 합니다.

유대교와 기독교의 신비주의자와 카발리스트들은 성경의 구절을 독특한 방식으로 해석합니다. 신약성경 요한복음 2장 15~16절에는 예수가 이렇게 말하며 돈 바꾸는 사람들을 성전에서 내쫓는 장면이 등장합니다. "내 아버지의 집으로 장사하는 집을 만들지 말라!" 고

경쟁심이
사라지면
문명의 발전도
멈추지
않나요?

대 랍비들이 쓴 옛 주석에 의하면 예부스족의 탈곡장 위에 지어진 예루살렘 성전은 눈에 보이지 않는 천국의 영원한 성전 바로 아래에 서 있었다고 합니다. 우주는 살아있는 신의 처소입니다. 신은 우주의 모든 곳에 영원히 존재하므로 우주가 곧 '아버지의 집'이 되는 셈입니다.

예수의 말대로 지구는 장사하기 위한 목적으로 만들어진 행성이 아닙니다. 우리는 경제 체제가 안전의 필수 요소라고 생각하는 경향이 있습니다. 물물교환과 환전은 생존을 위해 필요한 시스템이지만, 어디까지나 수단이지 궁극적인 목표는 아닙니다. 물질 축적을 위해 일생을 바치는 것은 정상적인 삶이 아닙니다. 인간은 수익과 손실을 저울질하며 옥신각신하고, 최대의 할인 혜택을 받는 일을 낙으로 삼으며 살라고 창조된 존재가 아닙니다. 인간을 경쟁 본능에서 해방할 수 있는 유일한 것은 죽음입니다. 이집트인들은 인간이 이승에서 버리지 못한 탐욕을 사후세계까지 들고 갈지도 모른다고 생각했습니다. 물질 세상에 있는 동안 수익성 좋은 투자를 인생의 목표로 삼았던 사람은 엘리시움에 가서도 망자들의 투자금을 잘 관리하여 천국의 주식 시장이 전고점을 돌파하는 활황을 꿈꾸고 있을지도 모를 일입니다.

경쟁적인 경제 체제로 이미 지칠 대로 지친 세상에 이제는 무기 경쟁이라는 끔찍한 괴물이 고개를 쳐들고 나섰습니다. 지금까지 경쟁을 진보의 원동력으로 여겨왔다면, 이제는 이 개념을 정당화하기 위한 명분이 고갈되었음을 솔직하게 인정해야 할 것입니다. 세상 누구도, 심지어 잘 조직된 소수 단체도 인간의 삐뚤어진 행동을 부추기는 이기심에 대항하지 못합니다. 예전에 누가 이런 말을 했습니다. "상황이 호전되기 위해서는 일단 바닥을 쳐야 한다." 불편한 이야기이지만, 진실인 것 같습니다. 우리가 도저히 더는 견딜 수 없을 때까지 지금의 추세는 이어질 것입니다. 그리고 그때가 되면 비로소 말할 것입니다. "이제 어떻게 해야 하지?"

경쟁심이
사라지면
문명의 발전도
멈추지
않나요?

    세계 1차 대전이 종식된 후 헝가리에서는 인플레이션이 너무 심해져 편지 한 통 부치는 데 드는 비용이 평시의 국가 부채보다 높아졌습니다. 20세기의 군사 경쟁은 유럽을 두 차례나 파괴했습니다. 산업 분야의 경쟁은 전 세계적인 실업과 사기 저하를 불러왔습니다. 대부분의 선진국이 심각한 위기를 직면하고 있는 상황을 바라보면서 어떻게 경쟁이 이기적이고 자기중심적인 인류에게 안전을 가져다준다고 얘기할 수 있겠습니까? 평화는 황금률의 실천에서 출발하고, 십계명에 의해 지탱되고, 산상수훈을 통해 열매를 맺습니다. 지금은 누가 더 올바른 일을 많이 하느냐를 두고 경쟁해야 할 시기입니다.

부록

가정 내
종교 갈등을
해소하는 방법을
알려주세요.

가정 내의 종교적 갈등을 해소하는 방법을 알려주시겠어요?

모든 국민이 각자 양심에 따라 신을 섬기는 방법을 선택할 권리가 법적으로 보장된 나라에서 아직도 이 문제로 고통스러워하는 사람이 많다는 것이 슬플 따름입니다. 준법정신이 투철하고 어떤 상황에서도 공동체의 법과 규정을 어기지 않는 사람들이 가족이나 친구들과 있을 때는 무관용과 편견을 일삼는 모습을 종종 봅니다. 사람은 누구나 남으로부터 존중과 찬사를 받고 싶어 하지만, 가까운 사람들과 있을 때는 인품을 유지하기 위해 그리 애쓰지 않는 경향이 있습니다. 공자는 혈연관계에 있는 가족일수록 더욱 공경하고 배려해야 한다고 말했

> 가정 내
> 종교 갈등을
> 해소하는
> 방법을
> 알려주세요.

습니다. 그는 가족의 화합이 사회와 국가의 안전을 측정하는 척도라고 생각했습니다. 가족보다 더 끈끈하고 오래가는 국가는 없습니다.

독실한 신자의 삶에 있어 종교는 일종의 감정적 체험입니다. 마찬가지로 독실하지 않은 사람에게는 무신론과 불가지론이 감정적 체험입니다. 사람은 감정이 격해지면 합리적인 사고로부터 멀어지고 과도한 편견과 자만심에 사로잡힙니다. 종교는 신도를 더 따뜻하고 배려심 깊은 사람으로 만들어주는 순기능도 가지고 있지만, 천성적으로 불안정한 성정을 지닌 사람이 종교에 빠져 집착하면 반대로 불행해질 가능성이 큽니다. 우리는 주변 사람들이 가진 각종 기벽과 결점 중에서도 종교적 열정을 가장 불편해합니다. 친구의 희한한 패션 감각은 용서해줄 수 있습니다. 정치적 성향도 눈감아줄 수 있고, 사적인 의견도 들어줄 수 있고, 괴팍한 성질머리도 최대한 이해하려 노력합니다. 하지만 내 관점에서 봤을 때 변태적 기질에 가까운 그들의 종교적 성향은 도저히 용납하지 못합니다. 이건 예의를 차리고 다양성을 인정해주는 것과는 차원이 다른 문제입니다. 나와 다른 종교를 가진 사람은 단지 나를 모독하는 것이 아니라, 내가 모시는 신까지 욕보이는 것으로 간주합니다. 절대 용납할 수 없죠. 그의 신성모독적인 관점을 뜯어고치도록 교화하고, 필요하다면 강제적인 수단을 써서라도 변화를 관철하는 것이 나의 영적 사명이라는 생각마저 듭니다. 이런 상황에서는 관용도 미덕이 될 수 없습니다. 죄를 보고 도저히 그냥 지나칠 수가 없습니다. 가만히 있는 것은 신에 대한 불충은 물론이요, 천국의 영주권을 박탈당할 수도 있는 방임입니다. 물론 이와 같은 생각에는 우리가 쉽게 지나치는 결정적인 문제가 하나 있습니다. 그것은 바로 내 종교가 세상의 유일한 진짜 종교고, 신에 대한 나의 관점과 정의가 절대적으로 옳다는 확신입니다. 내 생각의 근본이 틀렸다면 구조 전체가 무너지기 때문에 좀처럼 내 관점을 바꾸려 하지 않습니다. 종교관을 바꾸는 것은 영적 반역이나 다름없기 때문입니다.

가정 내
종교 갈등을
해소하는
방법을
알려주세요.

    각기 다른 종교를 가진 젊은 두 남녀가 만나 결혼하고, 가정을 꾸리고, 자녀를 키우는 일이 많습니다. 두 사람 다 자유주의적인 성향을 갖고 있고, 종교의 자유를 보장하는 배우자의 헌법적 권리를 존중할 의향이 있다면 행복한 가정을 꾸리는 것이 불가능한 일은 아닙니다. 하지만 신혼생활의 깨가 사라질 무렵, 종교적 관점의 차이가 드러나면서 시련이 시작됩니다. 인간은 삶에서 위기에 처할 때 자신의 영적 신념에서 위안을 찾습니다. 모든 커플이 결혼생활 중 중대한 위기를 한 번쯤은 맞게 되는데, 두 사람의 종교적 관점이 다르면 신이 일개 가정사에 끌려 들어오게 될 가능성도 있습니다. 이런 상황은 거의 항상 자녀에게 악영향을 주며, 그들이 성인이 되어 영적 위안이 필요한 순간이 올 때 종교를 외면하게 하는 결과를 초래할 수 있습니다. 무신론자의 상당수는 어린 시절, 자비와는 거리가 먼 가정 내의 종교적 갈등을 직접 눈으로 보고 자란 사람들입니다.

    오랜 결혼생활 기간 중 가족 구성원 한 명이 종교관

을 바꾸거나, 다른 종교로 개종하거나, 영적 문제에 관해 전보다 더 깊은 관심을 가지기 시작할 수도 있습니다. 이런 상황이 발생하면 가정의 정상적인 루틴이 완전히 흔들릴 수 있습니다. 보수적인 가정에서 어느 날 갑자기 종교적으로 진보적인 사람이 탄생하면 가족의 평안함이 깨집니다. 이때 모두가 한 발자국도 물러서려 하지 않으면 누가 더 오래 버티는지를 겨루는 경쟁이 시작됩니다. 내 믿음이 공격을 받으면 더욱 완고하게 방어하고, 공격과 방어의 악순환이 개시되면서 통제 불능의 지경에 이를 수도 있습니다. 지금까지 많은 분이 이 문제를 가지고 저를 찾아왔는데, 솔직히 말해 완벽한 해답은 없습니다. 모든 당사자가 자기 생각이 옳다고 굳게 믿고 있는 상황에서 누구더러 생각을 바꾸라고 조언하는 것은 적절하지 않습니다.

그런데 여기서 상황을 더욱 악화시킬 수 있는 미묘한 요소가 또 하나 있습니다. 대부분 신도는 자기의 신앙심을 키우고 완성하는 것만으로는 충분한 만족감을 얻

가정 내 종교 갈등을 해소하는 방법을 알려주세요.

지 못한다는 점입니다. 내 신앙을 널리 알리고 주변 사람들에게 전도해서 개종까지 시켜야 직성이 풀립니다. 나도 부분적으로밖에 이해하지 못하는 교리와 신앙을 공유하고 싶은 충동을 참기가 어렵습니다. 대부분의 종교적 불화는 신앙의 내용 자체보다는, 내 신앙을 남에게 강요하려는 본능을 억누르지 못해서 발생합니다. 내가 종교의 자유를 누리는 것은 당연하지만, 나와 다른 종교관을 가진 사람에게는 그런 자유가 주어지면 안 된다는 심보입니다. 따라서 타인에게 관용을 요구하기 이전에 나의 행동부터 돌이켜보고, 나는 지금까지 타인에게 얼마나 많은 관용을 베풀었는지 점검해보는 것이 좋습니다.

종교가 진정한 의미를 지니려면 삶에 자연스럽게 스며들어야 하는데, 본래의 목적은 뒷전으로 미루고 정신적으로 종교에 중독되는 사람이 많습니다. 당사자는 그 사실을 알아차리지 못하지만, 친구들은 그가 열심히 전도하는 내용을 행동으로 실천하지 않는 모습을 보고 고개를 흔듭니다. 예전에 부인의 종교관에 대해 혼란스러워하며 짜증을 느낀 한 남성이 저를 찾아온 적이 있습니다. 그의 설명에 따르면 자칭 '깨달음'을 얻은 부인은 남편도 빛의 길로 인도하겠다는 사명을 다하기 위해 밤낮으로 노력하는 사람이었습니다. 그는 이전까지 신학적인 문제에 관해 크게 고민해본 적이 없었습니다. 종교에 딱히 관심은 없었지만, 주변 사람들의 신앙에 대해 왈가왈부하거나 반대하는 사람은 아니었습니다. 그는 부인이 특정 교단에 관심을 가지기 시작하면서 오랫동안 행복하게 유지했던 결혼생활과 두 사람의 관계가 흔들리기 시작한 것을 이해하지 못했습니다. 마치 신이 두 사람 사이를 갈라놓은 것 같은 생각마저 든다는 것이었습니다. 부인이 '영적인 길'로 접어든 후부터 가정은 엉망이 되었습니다. 그녀는 수시로 신경질을 부리며 남편을 비판하고, 영적 문제에 관한 그의 무관심을 대놓고 업신여겼습니다. 그렇다고 부인이 신을 발견한 후 전보다 행복해진 것도 아니었습니다. 오히려 그녀의 건강은 시간이 갈수록 나빠졌습니다. 친구들은 부부와 거

가정 내
종교 갈등을
해소하는
방법을
알려주세요.

리를 두기 시작했고, 남편은 위궤양까지 덤으로 얻었습니다. 평범하고, 단순하고, 비교적 정직하고 선량한 이 남자는 종교 문제에 관해 자기는 문외한이라고 시인했고, 지금은 두 사람 다 마음의 평온을 얻기 위해 진지하게 이혼을 고민하고 있다고 제게 털어놨습니다.

이 부부와 완전히 대조되는, 종교 덕분에 가정에 행복이 깃들었다는 얘기를 전해 준 남자의 사례도 있었습니다. 그의 부인은 늘 부정적이고, 두려움이 많고, 자기 연민에 빠져 살던 사람이었는데, 종교적 철학에 관심을 가지기 시작하면서 눈에 띄게 바뀌었다고 합니다. 전보다 더 명랑하고, 다정하고, 독립적인 사람으로 변했다는 것입니다. 그는 이렇게 말했습니다. "부인이 변하는 모습을 보면서 저도 그녀가 공부하는 분야에 관심을 가져볼까 하는 생각을 하게 되었습니다." 한 사람이 모범을 보이자 다른 사람에게도 기회의 문이 열리는 아주 좋은 사례입니다. 이 이야기에는 우리가 기억해야 할 아주 중요한 개념이 담겨 있습니다. 내 생각과 사상을 타인에게 전파하는 가장 쉽고 확실한 방법은, 그 생각과 사상이 나에게 준 긍정적인 영향을 보여주는 것입니다. 친구들이 더 진실해지고, 생각이 깊어지고, 어울리기 쉽고, 모든 면에서 나아진 나의 모습을 발견하면 내가 좋은 의도로 하는 말을 곡해할 소지도 줄어듭니다. 인격의 발전이라는 결과를 보여주지 못하는 신앙은 가족과 친구들에게 매력적으로 비칠 수 없습니다. 신앙을 가진 후 상대하기 더 어려운 사람이 되었다면, 나와 함께 살아야 하는 사람은 그 신앙을 원망할 수밖에 없습니다.

저는 종교관의 차이가 가정 파탄의 이유가 되어서는 안 된다고 생각합니다. 실제로 종교 문제 때문에 가정이 깨졌다 하더라도 그 이면에는 다른 원인이 도사리고 있을 가능성이 큽니다. 종교적 갈등이 이미 깊게 뿌리내린 불만과 성격 차이라는 근본적인 문제를 자극하는 촉매 역할을 한 것에 불과할 수 있습니다. 심리적으로 안정되고 기본적으로 선량한 사람은 다른 종교로 개종해도 호

> 가정 내
> 종교 갈등을
> 해소하는
> 방법을
> 알려주세요.

천적으로 변하지 않습니다. 하지만 뜬금없이 종교에 관심을 보이기 시작한 사람 중에는 내적으로 불안한 사람이 많습니다. 좌절감, 노이로제, 콤플렉스로부터 도피하기 위해 영적 위안을 추구한 것이라면 '새로운 사람'이 된 후에도 얼굴에서 우울한 표정이 지워지지 않습니다. 어떤 종교 단체에 소속된다고 해서 자동으로 치유가 일어나는 것이 아닙니다. 내면의 압력을 분출할 수 있는 새로운 통로가 생겨난 것뿐입니다. 대화할 때 사용하는 단어가 달라지고, 기존의 변명이 각색되고, 내 부정적 관점을 새로운 각도에서 조명하기 시작했을 뿐, 본질은 바뀌지 않은 것입니다. 남을 비판하는 성향은 나쁜 버릇입니다. 그런데 이 나쁜 버릇에 종교라는 가면을 씌우면 미덕으로 보일 수 있습니다. 심지어 타인의 영혼을 구원하기 위해 열성적으로 헌신하는 사람이라는 평판을 얻게 될지도 모릅니다. 하지만 근본적으로 바뀐 것은 없습니다. 남을 비판하기 좋아하는 고약한 성격의 소유자라는 사실에는 변함이 없습니다.

몇 년 전에 성질이 아주 까탈스러운 남자와 결혼하여 사는 중년 여성이 저를 찾아온 적이 있습니다. 남편은 가장 안 좋은 의미에서의 종교인이었습니다. 그는 식사 때마다 끝이 보이지 않는 기도를 강요하고, 교회의 모든 행사에 참여하고, 매일 성경을 읽고, 모든 상황에서 독실한 신자의 면모를 풍기며 가식적으로 행동했습니다. 그는 타인의 결점을 절대로 용서하지 않았고, 자기에게는 결점이 없다고 믿었습니다. 세상 모든 사람은 그들의 의사와 무관하게 자기가 직접 나서서 구원해야 할 대상이었습니다. 그의 두 아들은 "자식을 사랑하는 자는 근실히 징계하느니라."[24]는 성경 구절을 매일 읊으며 아침부터 저녁까지 폭력을 행사하는 아버지를 피해 일찌감치 가출했습니다. 회사에서 그는 피도 눈물도 없는 상사로 직원들 사이에서 악명이 높았습니다. 어떤 사안이든 사규에 담긴 문자 하나하나의 토씨까지 따져가면서 처리하고, 그 안에 담긴 정신은 철저히 무시하는 냉혈한으로 알려져 있었습니다. 그런 그가 부인에게 종교의 자유를 허락한다는 것은 상상할 수도 없는

가정 내
종교 갈등을
해소하는
방법을
알려주세요.

일이었습니다. 그녀가 남편을 떠난다 해도 욕할 사람은 한 명도 없었을 것입니다. 하지만 그녀는 그처럼 어려운 환경에서도 아주 심오하고 바람직한 삶의 철학을 계발했습니다. 그녀는 차분한 목소리로 제게 말했습니다. "저에게도 저만의 신앙이 있습니다. 하지만 굳이 떠벌리지 않고, 친절하고 사려 깊은 행동으로 조용히 신앙을 실천하면 아무도 간섭할 수 없다는 사실을 깨달았습니다." 그녀는 자기가 심하게 학대받는다고 생각하지도 않았습니다. 도저히 상대하기 어려운 남편조차 존중해 줄 정도로 관대한 사람이었습니다. 개인적으로는 남편이 자기를 조금 더 배려하도록 요구하면 좋겠다는 생각이 듭니다만, 그녀는 남편의 고약한 성격이 자기가 더욱 관대해지고 더 큰 이해심을 발휘할 기회라고 여겼습니다. 요즘 세상에 이분처럼 마음이 넓은 사람은 찾기 쉽지 않습니다.

진정으로 깊은 종교적 체험을 한 사람은 타인이 겪고 있는 영적 갈증과 문제를 이해하는 지혜를 얻습니다.

그들은 또한 신앙을 통해 얻은 영혼의 위안을 타인에게 전달하기란 쉽지 않으며, 타인이 나의 신앙을 수용하고, 내가 거부한 것을 거부하도록 강요할 수도 없다는 사실을 잘 알고 있습니다. 종교 생활을 통해 배운 것이 별로 없는 사람, 종교의 도움에도 불구하고 인격 계발을 하지 못한 사람일수록 편견이 심하고 행동이 비합리적입니다. 종교에 대한 광적 신념은 정신 심리 전문가의 도움을 받아 치료하는 것이 바람직합니다. 편협함은 헌신이 아니라 질병의 증상입니다. 이 증상은 과장된 감정을 감내해야 하는 주변 사람들보다 본인에게 더욱 해롭습니다. 종교가 나를 행복하고 정상적인 사람으로 바꿔주지 않으면 없느니만 못합니다.

가정 내 종교 문제는 모든 당사자가 솔직하고 직설적으로 자기 생각을 표현하는 가족회의를 위해 해결을 시도하는 것이 좋습니다. 서로 얼굴을 붉히는 일도 있겠지만, 회의 결과가 어떻게 나오든, 심각한 정신적 타격으로 이어질 가능성이 큰 상황을 무작정 견디는 것보다는 훨씬 낫고 정직한 방법입니다. 내 신념을 보호하고 상대의 신념을 공격하며 티격태격하는 상황이 장기화하면 콤플렉스와 편견이 굳어져 쉽게 고칠 수 없는 지경에 이르게 될 수 있습니다. 종교적 배경으로 갈등을 겪고 있는 젊은 예비부부는 이 문제를 가볍게 여기지 말고 즉시 대처하는 것이 좋습니다. 종교 문제 상담사의 도움을 받아보는 것도 좋은 생각입니다. 결혼 전에 해결하지 못하면 결혼 후에도 해결되기 어렵습니다.

요즘에는 종교 단체에서도 이런 문제를 상담해주는 전문가를 두고 있습니다. '종교적 책무'에 관한 오해와 당사자들의 기본적인 성향에서 비롯된 나쁜 습관으로 인해 종교적 갈등이 생기는 일이 많습니다. 분석 상담을 통해 광신적인 종교관의 원인을 찾아내는 경우도 많습니다. 문제의 원인을 파악하여 고치거나 내면의 압력을 긍정적인 방향으로 발산하는 방법을 찾아내면 긴장감도 점차 사라집니다. 종교 때문에 분열된 가족의 구성원끼리 상대방이 속한 종교 단체의 예배에 번갈아 참석하면서 문제가 해결된 사례도 많습니다. 내가 잘 몰라서 싫어했던 상대방의 종교적 신념을 이해하고 공감하는 좋은 기회가 될 수 있습니다. 나이가 좀 있으신 분들의 경우에는 단순하게, 솔직하게, 그리고 직접 문제에 부딪히는 것이 가장 실용적인 해법입니다. 사실관계를 모두 털어놓고 공유한 후, 현실을 받아들이지 못하는 사람이 결단을 내려야 합니다. 배우자의 종교적 자유를 존중하고 관용을 베풀든지, 아니면 내가 주변 사람들을 못살게 굴고 있다는 현실을 인정하든지, 둘 중 하나의 길을 택해야 합니다. 당사자는 자기가 일상적으로 편견에 사로잡혀 행동해왔다는 사실을 강력하게 부인할지도 모릅니다. 자기에게 그런 의혹을 제기한 것 자체를 용납하지 않을 수도 있습니다.

종교는 미스터리의 베일에 가려져 있습니다. 하지만 신자의 종교적 동기까지 베일에 싸여있는 것은 바람직하지 않습니다. 논쟁은 별로 효과가 없지만, 적절한 시점에 마음을 털어놓고 하는 진솔한 대화는 기적도 일

> 가정 내
> 종교 갈등을
> 해소하는
> 방법을
> 알려주세요.

으킬 수 있습니다. 내가 공격을 당했다고 주장하기 전에, 내가 상대방을 공격하고 있는 것은 아닌지 다시 한 번 생각해 보시기 바랍니다. 어쩌면 나의 광적인 종교적 신념이 나의 결점을 적나라하게 드러내서 주변 사람들이 불쾌하게 느끼는 것일 수도 있습니다. 그들이 왜 나의 신앙을 받아들일 수 없는지, 심지어 왜 내가 그 종교와의 관계를 끊었으면 하는지 직접 얘기를 들어보세요. 큰 교훈을 얻을 수도 있습니다. 훌륭하고 고귀한 가르침을 내가 올바르게 대변하지 못하고 왜곡하는 바람에 갈등이 불거졌다는 사실을 깨닫게 될 수도 있습니다. 내가 잘못한 점을 솔직하게 시인하면 상대방도 자기의 실수를 인정할 수 있습니다. 이와 같은 공개적인 고해를 통해 서로에게 주었던 상처도 아물고, 기본적으로 선량하고 좋은 의도로 행동했던 사람들끼리 서로를 더 잘 이해하고 공감대를 형성하는 계기가 마련될 수도 있습니다.

편협한 시각을 내세우고, 신도에게 비합리적인 것을

요구하고, 편견을 미화하는 종교 단체에 몸담고 있다면 나 때문에 가정 내에서 끊임없는 종교적 갈등이 발생하게 될 것입니다. 미국인은 모두의 의견을 존중하고, 공유하고, 협력하고, 관용과 인내심을 발휘하고, 종교 문제에 관해 개방적인 시각을 가지는 삶의 방식을 신조로 삼고 있습니다. 이 기본적인 원칙을 위반하면 타인의 미움을 받을 수밖에 없습니다. 상대방이 예의가 있는 사람이라면 자기 생각을 말로 표현하지 않고 입을 다물고 있겠지만, 당신의 행동을 탐탁하게 여기지는 않을 것입니다. 미래의 종교는 오해가 아니라 이해를 바탕으로 발전해야 한다는 점을 항상 기억하시기 바랍니다.

주석

1 신약성경 마태복음 7장 5절.
2 Catherine de' Medici (1519~1589). 이탈리아의 귀족, 프랑스 국왕 앙리 2세의 왕비.
3 Adelina Patti (1843~1919). 벨칸토 기법으로 유명했던 이탈리아의 오페라 가수.
4 Lost Horizon. 영국의 소설가 제임스 힐턴이 1933년에 출간한 소설로, 전설에 등장하는 지상천국, 샹그릴라를 주제로 하고 있다.
5 신약성경 마태복음 6장 33절.
6 신약성경 로마서 7장 21절.
7 The Summerland. 미국의 영성가, 앤드류 잭슨 데이비스가 스웨덴의 신학자, 과학자, 철학자, 신비주의자 에마누엘 스베덴보리로부터 영감을 받아 묘사한 천국.
8 "사랑하는 자들아, 영을 다 믿지 말고 오직 영들이 하나님께 속하였나 시험하라. 많은 거짓 선지자가 세상에 나왔음이니라."(신약성경 요한1서 4장 1절). 요한1서의 저자가 누구인지는 정확히 알려지지 않았으나, 맨리 P. 홀은 사도 바울이 쓴 것으로 추측하고 있는 것 같다.
9 Robert G. Ingersoll (1833~1899). '위대한 불가지론자'라는 별명을 얻었던 미국의 변호사, 작가, 연사.
10 Four Kumaras. 힌두교의 창조신 브라마가 최초로 낳은 네 아들.
11 Mystery of generation. 탄생, 성장, 죽음, 환생의 사이클을 반복하는 물질 세상이라는 의미.
12 "이 전은 건축할 때에 돌을 뜨는 곳에서 치석하고 가져다가 건축하였으므로 건축하는 동안에 전 속에서는 방망이나 도끼나 모든 철 연장 소리가 들리지 아니하였으며"(구약성경 열왕기상 6장 7절)
13 Maat. 진리, 균형, 질서, 조화, 법, 도덕, 정의를 상징하는 이집트의 여신.
14 42 Negative Confessions. 이집트 전통에 따르면 물질 세상을 떠난 망

자는 지하세계로 내려가 심판을 받는 과정에서 42가지의 부정 고해를 한다고 한다. 이집트의 42개 주를 대표하는 42명의 신이 재판관(42 Assessors of Maat)으로 참관하며, 신의 독생자이자 구세주인 호루스는 망자의 변호인 역할을 자처하며 자기가 죄를 대신 짊어지겠다고 아버지 오시리스에게 간청한다.

15 Garden of Gethsemane. 예수가 십자가형을 받기 전날, 괴로운 심정으로 하나님에게 기도를 드린 곳. "조금 나아가사 얼굴을 땅에 대시고 엎드려 기도하여 가라사대, 내 아버지여 만일 할만하시거든 이 잔을 내게서 지나가게 하옵소서. 그러나 나의 원대로 마옵시고 아버지의 원대로 하옵소서." (신약성경 마태복음 26장 39절). "다시 두 번째 나아가 기도하여 가라사대, 내 아버지여 만일 내가 마시지 않고는 이 잔이 내게서 지나갈 수 없거든 아버지의 원대로 되기를 원하나이다." (마태복음 26장 42절)

16 신약성경 누가복음 10장 7절, 디모데전서 5장 18절.

17 Vicarious atonement. 예수가 인간을 '대신하여' 죽었기 때문에 인간의 죄가 용서되었다는 기독교의 교리.

18 "내 사랑하는 자들아. 너희가 친히 원수를 갚지 말고 진노하심에 맡기라 기록되었으되, 원수 갚는 것이 내게 있으니 내가 갚으리라고 주께서 말씀하시니라." (신약성경 로마서 12장 19절)

19 Survival of the fittest. 'Fit'이라는 단어는 '적합하다'라는 의미 외에 '건강하다'라는 의미도 지니고 있다.

20 William Penn (1644~1718). 영국의 작가, 종교 사상가, 퀘이커교의 개척자.

21 "너희를 위하여 보물을 땅에 쌓아 두지 말라. 거기는 좀과 동록이 해하며 도적이 구멍을 뚫고 도적질하느니라. 오직 너희를 위하여 보물을 하늘에 쌓아 두라. 거기는 좀이나 동록이 해하지 못하며 도적이 구멍을 뚫지도 못하고 도적질도 못하느니라." (신약성경 마태복음 6장 19~20절)

22 Edward Bulwer-Lytton (1803~1873). 영국의 작가, 정치인.

23 蓮華寺.

24 구약성경 잠언서 13장 24절.

천사가 된 악마–종교와 영성의 길, 그리고 함정에 관한 이야기

초판 1쇄 발행 2021년 7월 23일

지은이 맨리 P. 홀
펴낸이 윤민
편집 윤민
디자인 김성엽의 디자인모아
펴낸곳 윤앤리퍼블리싱
임프린트 마름돌
주소 경기도 용인시 기흥구 보정로 30, 114-1502
전화 070-4155-5432
팩스 0303-0950-9910
카페 http://cafe.naver.com/ynl
유튜브 http://www.youtube.com/user/yoonandlee
이메일 krysialove@naver.com
페이스북 https://www.facebook.com/yoon.min.10

ISBN 979-11-91653-01-4 03190